마인크래프트
건축 가이드
마법 프로젝트

First published in Great Britain in 2025 by Farshore

An imprint of HarperCollinsPublishers
The News Building, 1 London Bridge Street, London SE1 9GF
www.farshore.co.uk

HarperCollinsPublishers
Macken House, 39/40 Mayor Street Upper,
Dublin 1, D01 C9W8, Ireland

Special thanks to Sherin Kwan, Alex Wiltshire, Kelsey Ranallo,
Lauren Marklund, Elin Roslund and Milo Bengtsson.

This book is an original creation by Farshore.
©2025 HarperCollinsPublishers Limited.

©2025 Mojang AB. All Rights Reserved. Minecraft, the Minecraft logo, the Mojang
Studios logo and the Creeper logo are trademarks of the Microsoft group of companies.
Additional illustrations by George Lee.
Additional images used under licence from Shutterstock.com.

이 책의 한국어판 저작권은 키즈마인드 에이전시를 통해
HarperCollinsPublishers Ltd와 독점 계약한 ㈜영진닷컴에 있습니다.
신 저작권법에 의해 한국 내에서 보호를 받는 저작물이므로 무단 전재와 복제를 금합니다.

1판 1쇄 2025년 7월 15일
ISBN 978-89-314-7900-3

발행인 김길수
발행처 ㈜영진닷컴
주 소 서울특별시 금천구 디지털로9길 32 갑을그레이트밸리 B동 10층
등 록 2007. 4. 27. 제16-4189호

저자 Mojang AB ｜ 역자 강세중 ｜ 진행 김태경 ｜ 편집 김효정

MINECRAFT
건축 가이드
마법 프로젝트

20개 이상의 신비한 건축물을 만들어 보세요!

목차

시작하며 5
일반적인 건축 팁 6
마법의 거울 8
인어 석호 10
거대한 콩나무 14
마술사 모자 20
사나운 드래곤 22
풍선껌 오두막 28
마법 부여탑 34
호박 마차 38
개구리 왕자 42
발광 버섯 44
신발 속 집 48
알레브리헤 상 52
바나나 스플릿 기지 56
둥둥 티 파티 60
청룡열차 64
동화책 가게 70
요술램프 보트 76
에메랄드 아파트 78
동화 나라 궁전 82
아틀란티스 주택 88
조합 챌린지 92
안녕히 94

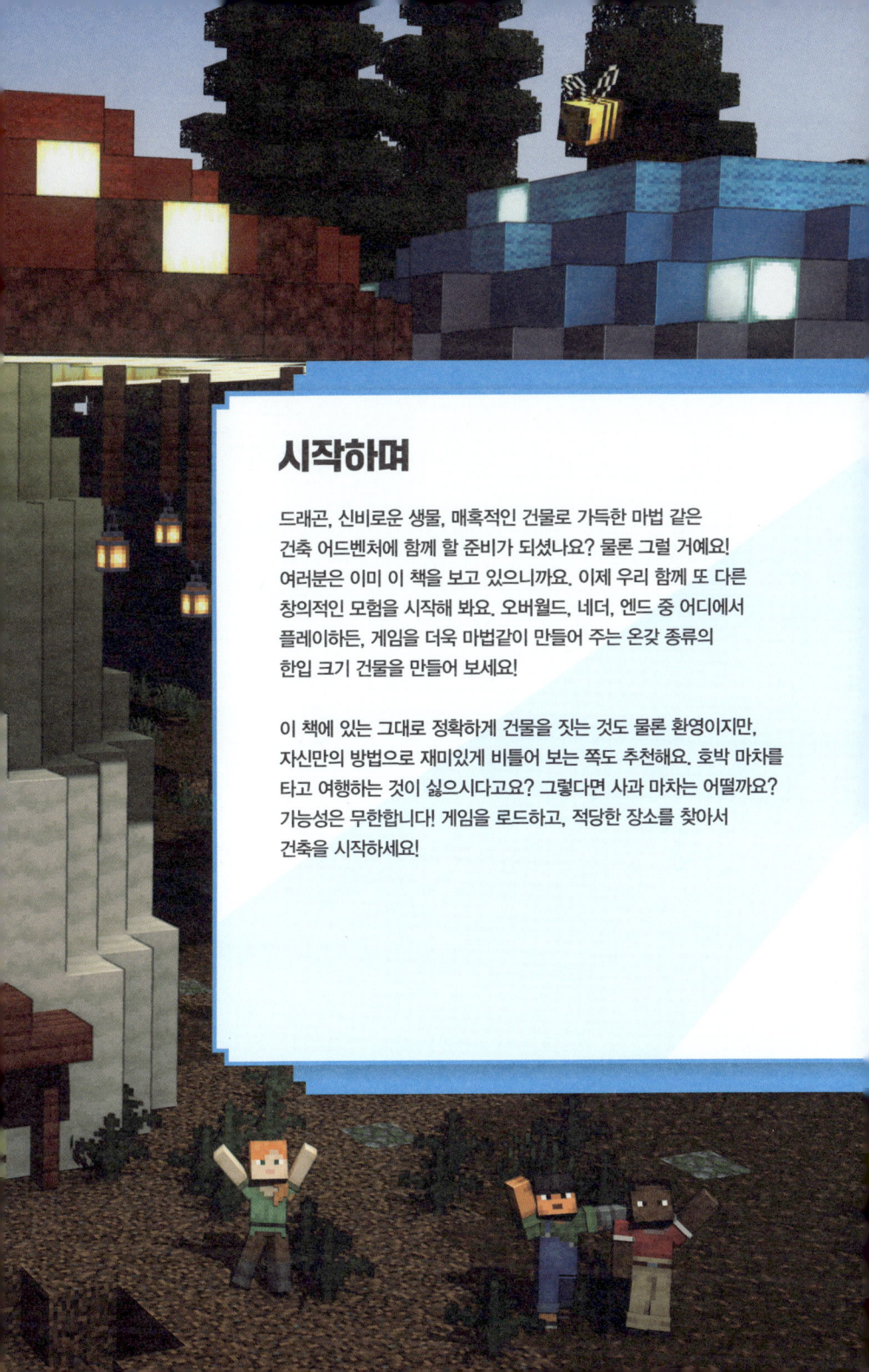

시작하며

드래곤, 신비로운 생물, 매혹적인 건물로 가득한 마법 같은 건축 어드벤처에 함께 할 준비가 되셨나요? 물론 그럴 거예요! 여러분은 이미 이 책을 보고 있으니까요. 이제 우리 함께 또 다른 창의적인 모험을 시작해 봐요. 오버월드, 네더, 엔드 중 어디에서 플레이하든, 게임을 더욱 마법같이 만들어 주는 온갖 종류의 한입 크기 건물을 만들어 보세요!

이 책에 있는 그대로 정확하게 건물을 짓는 것도 물론 환영이지만, 자신만의 방법으로 재미있게 비틀어 보는 쪽도 추천해요. 호박 마차를 타고 여행하는 것이 싫으시다고요? 그렇다면 사과 마차는 어떨까요? 가능성은 무한합니다! 게임을 로드하고, 적당한 장소를 찾아서 건축을 시작하세요!

알아 두면 좋은 건축 팁

이 책에 나온 놀라운 건물들을 모두 확인해 보세요!
실력이 낮다고 미리 실망할 필요는 없어요. 누구든 쉽게 따라 할 수 있는 건물도 있으니까요.
쉬운 건물부터 시작하든 더 복잡한 건물 중 하나로 바로 뛰어들든 여러분의 자유예요!
다음은 시작하는 데 도움이 되는 몇 가지 팁이에요.

크리에이티브 모드

되도록이면 크리에이티브 모드를 사용하는 편을 추천해요. 게임의 모든 블록을 바로 사용할 수 있고 놓인 블록을 즉시 제거할 수도 있어서, 크리에이티브 모드는 마인크래프트에서 건축을 가장 쉽게 할 수 있는 방법이에요. 도전을 좋아한다면 모든 건축물을 서바이벌 모드에서 지을 수도 있지만, 시간과 준비가 더 많이 필요하다는 점은 주의해야 해요!

건축 준비

건축을 시작하기 전에 잠시 시간을 내어 설명부터 살펴보세요. 건축물을 어디에 배치할지, 그리고 완성하는 데 얼마나 많은 공간이 필요할지 고려하세요. 건축에 필요한 공간을 충분히 확보해야 해요!

임시 블록

임시 블록은 칸을 세거나 떠 있는 아이템을 배치할 때 유용해요. 블록을 놓기 어려운 곳에도 활용할 수 있고요.

색이 다른 블록을 이용해서 치수를 셉니다. 이 줄은 11블록 너비예요. 녹색 5개 + 노란색 6개니까요.

이미 있는 블록을 이용해서 떠 있는 블록을 배치해요.

단축바

대부분의 건물에는 다양한 재료가 들어가요. 시작하기 전에 단축바에 블록을 준비해 두면 빠르게 찾아 쓸 수 있고, 공간이 충분하지 않을 경우 인벤토리 창의 단축바 9개에도 블록을 저장할 수 있어요.

블록 배치

마법 부여대 같은 상호작용 블록 옆에 블록을 배치하기는 까다로울 수 있어요. 블록을 놓을 장소를 클릭했는데 상호작용이 시작되는 경우죠. 다행히도 이를 회피하는 방법이 있어요! 먼저 몸을 웅크린 다음 블록 놓을 장소를 클릭하는 거예요. 간단하죠!

마법의 거울

거울아 거울아, 누가 가장 용감하니… 잠깐, 안 돼! 나는 그냥 용감하다는 말을 듣고 싶을 뿐이야. 네더에 가서 증명할 생각은 없다고! 으악! 꺼내줘, 무서워! 이 건축법을 응용해 자신만의 마법의 거울을 만들어서, 친구들이 칭찬을 받으려다 흑요석에 아주 가까이 다가가도록 유혹해 보세요.

난이도
★☆☆☆☆
⏱ 15분

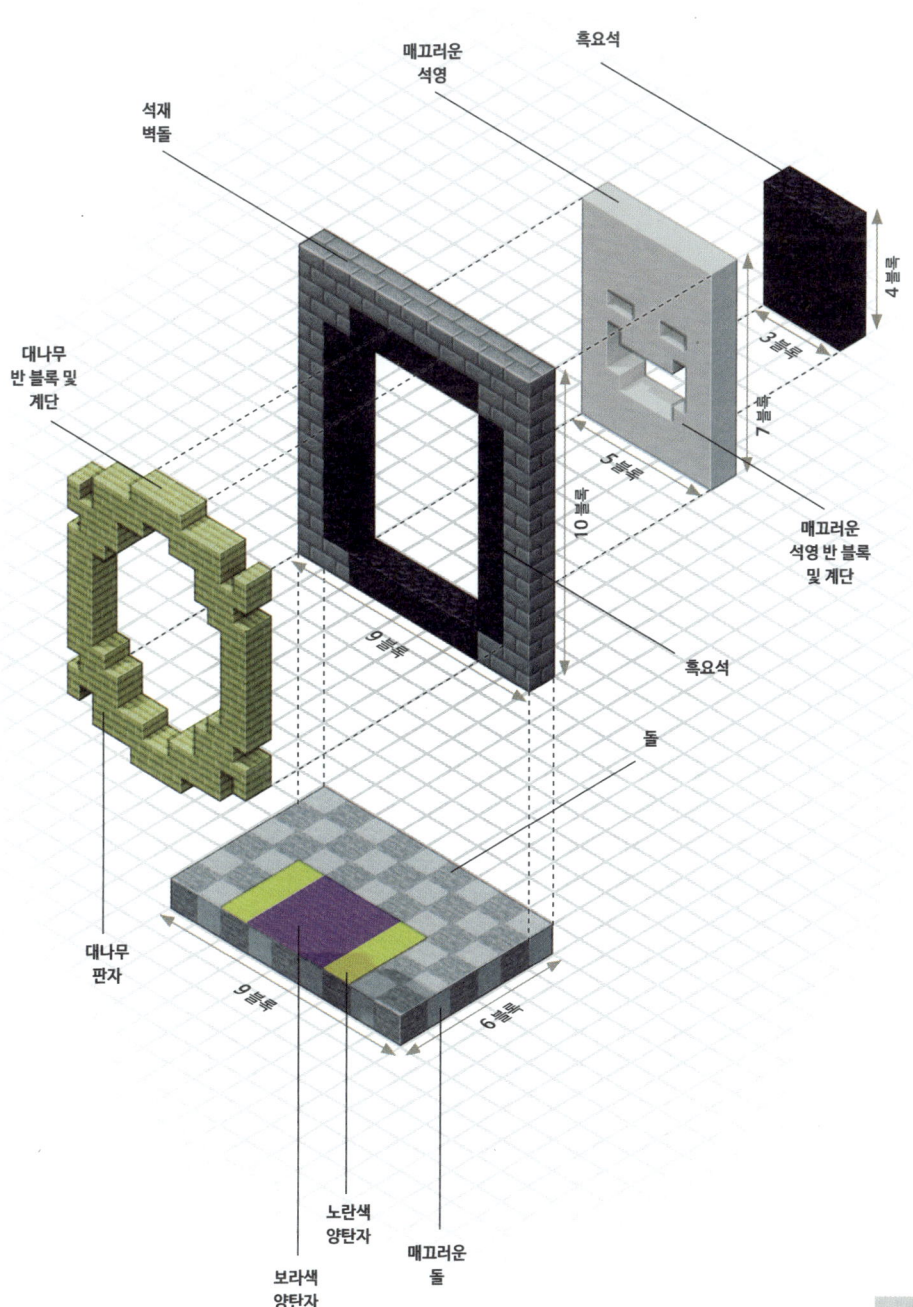

인어 석호

기지 근처에 아름다운 물놀이 시설을 만들고 싶거나, 마법의 인어처럼 살고 싶거나, 아니면 그냥 낚시를 할 수 있는 예쁜 장소를 원한다면, 이 건물이 여러분의 오버월드에 완벽하게 매혹적인 공간을 더해줄 거예요. 무엇을 기다리시나요? 지금 바로 이 '인어'로운 건축에 뛰어들어 보세요!

난이도
★★★☆☆
🕒 30 분

1

물 위의 공간에 프리즈머린 블록을 사용하여 11블록 간격으로 아치형의 기저부를 만듭니다. 3×3 정사각형 두 개로 시작한 다음, 그 위층에 두 줄을 추가하여 바깥쪽을 향하는 계단을 만듭니다.

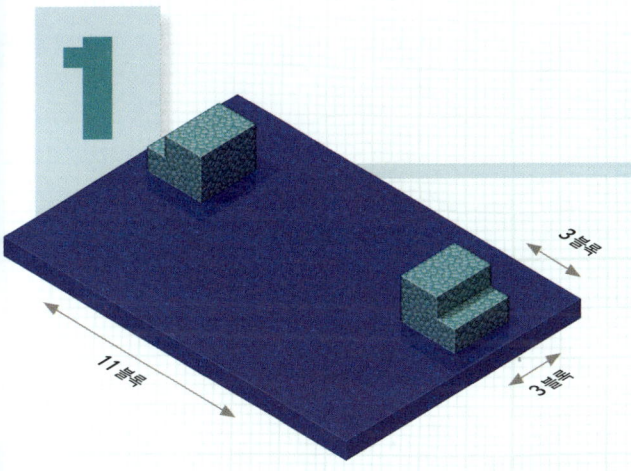

2

한 블록 가운데를 향해 프리즈머린 블록을 3×3으로 두 층 쌓습니다. 그런 다음 그 위에 2×3블록을 한 층 더 쌓습니다.

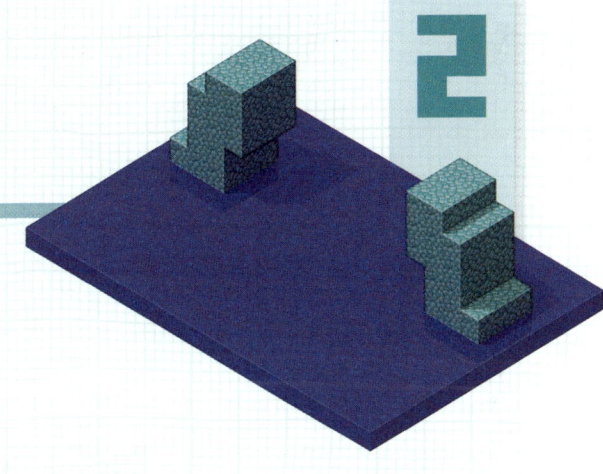

3

계속해서 안쪽으로 아치를 만들기 위해 프리즈머린 3×4 층을 덧붙인 후, 그 위에 3×3 한 층을 쌓습니다.

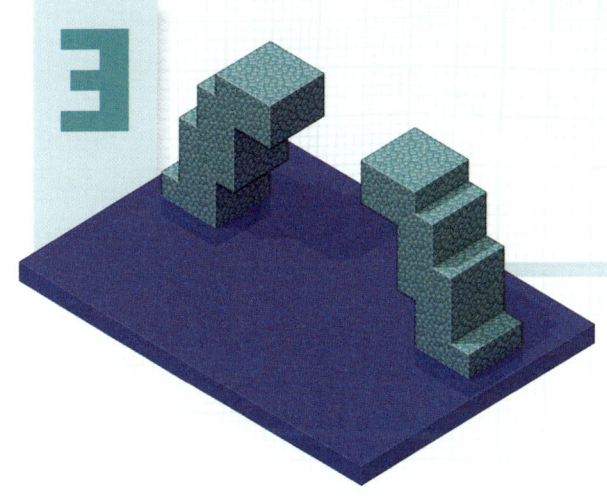

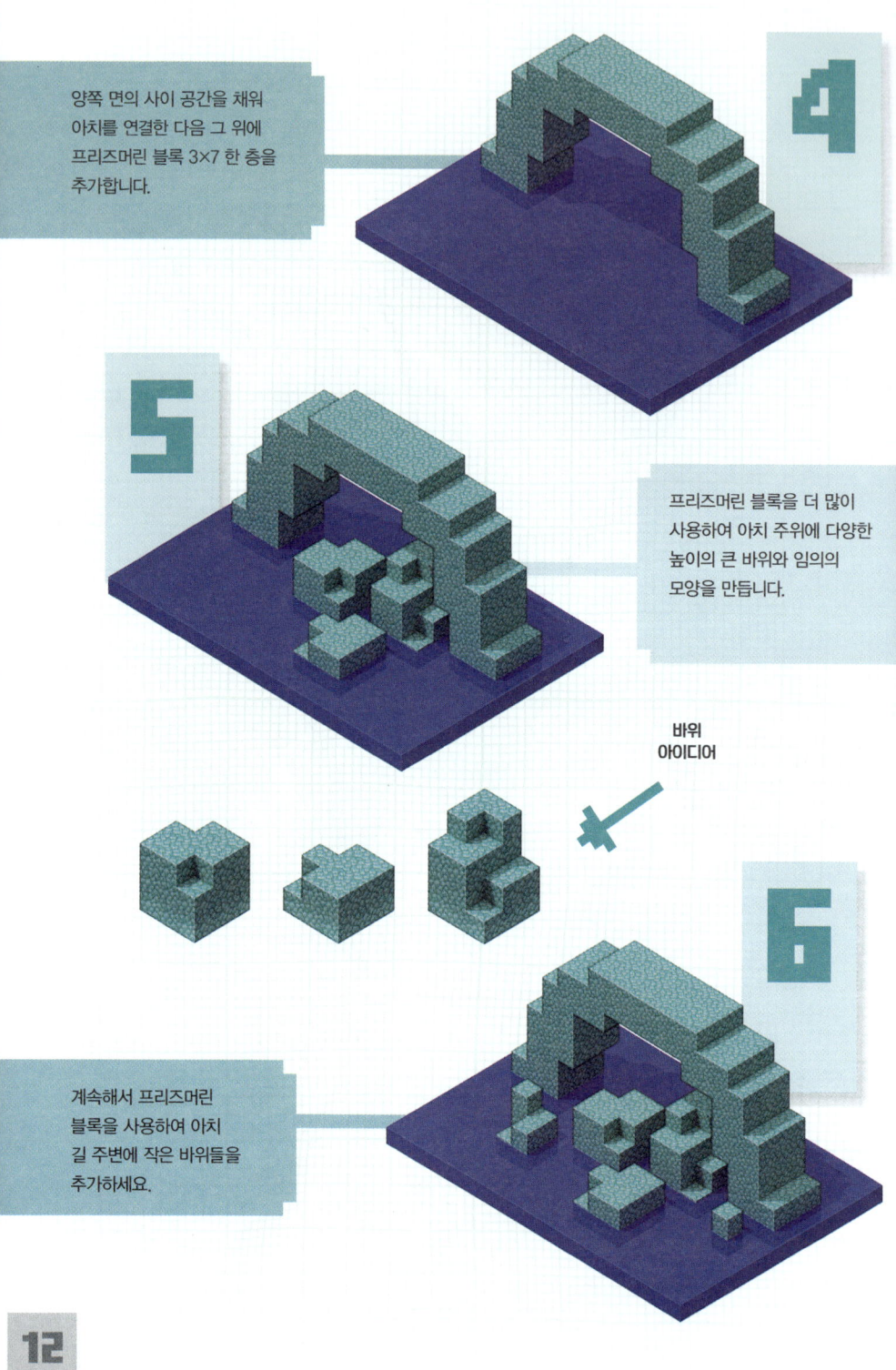

7

이끼 블록으로 아치 위를 덮은 다음 바위 꼭대기에 이끼 양탄자를 추가하면, 좀 더… 이끼가 낀 것처럼 보여요!

8

아치 위에 꽃 핀 진달래 두 그루를 심으세요. 뼛가루를 사용하면 나무로 성장시킬 수 있어요.

9

큰 흘림잎, 작은 흘림잎, 야광 열매가 달린 동굴 덩굴, 진달래, 꽃 핀 진달래, 포자 꽃, 부채형 뇌 산호를 혼합하여 석호를 장식하세요. 부채형 산호는 물 소스에서 1블록 이내에 배치해야 합니다.

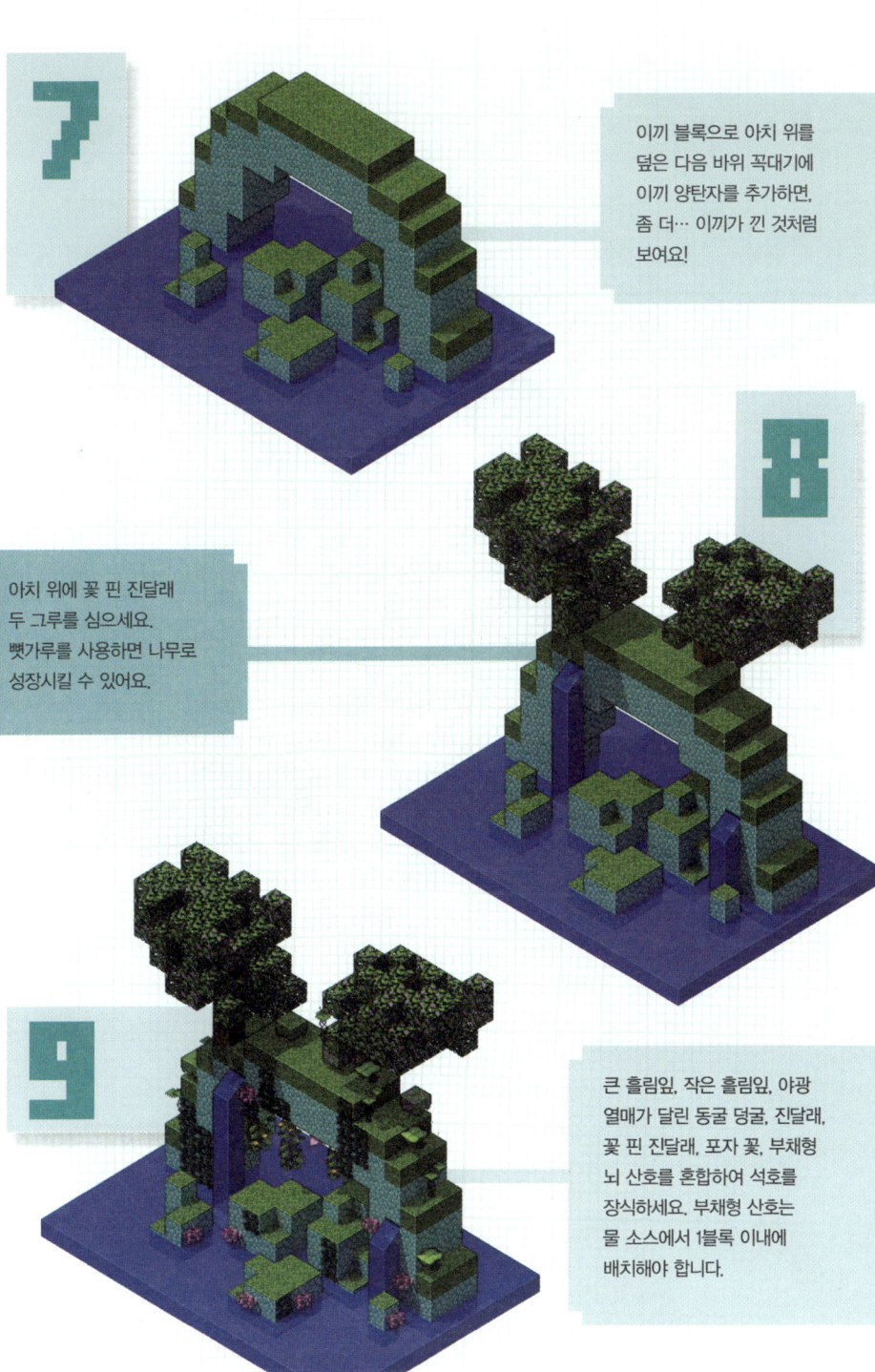

거대한 콩나무

삐—삐—삐—펑, 크리퍼의 쉬잇 하는 소리가 들려요. 도망쳐요! 위로 또 위로… 거대한 콩나무를 오르고 또 올라서 하늘에 있는 궁극의 기지까지 가는 거예요. 여기까지 오면 크리퍼도 따라오지 못하니까요. 기지에 불을 제대로 켜두기만 하면 더 이상 위험은 없을 거예요… 떨어지지 않는 한 말이죠.

난이도
★★★★★
1시간

1

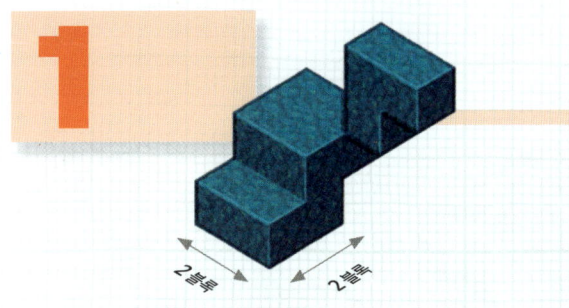

콩나무 줄기용으로 사용할 블록을 고르세요. 뒤틀린 사마귀 블록을 추천해요. 먼저 2x2 사각형을 만들고, 한 층 엇갈려 올라가서 또 사각형을 만듭니다. ㄱ자 모양을 덧붙여서 잎을 표현합니다.

2

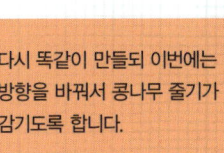

다시 똑같이 만들되 이번에는 방향을 바꿔서 콩나무 줄기가 감기도록 합니다.

3

2단계를 반복하고 방향을 다시 바꿉니다.

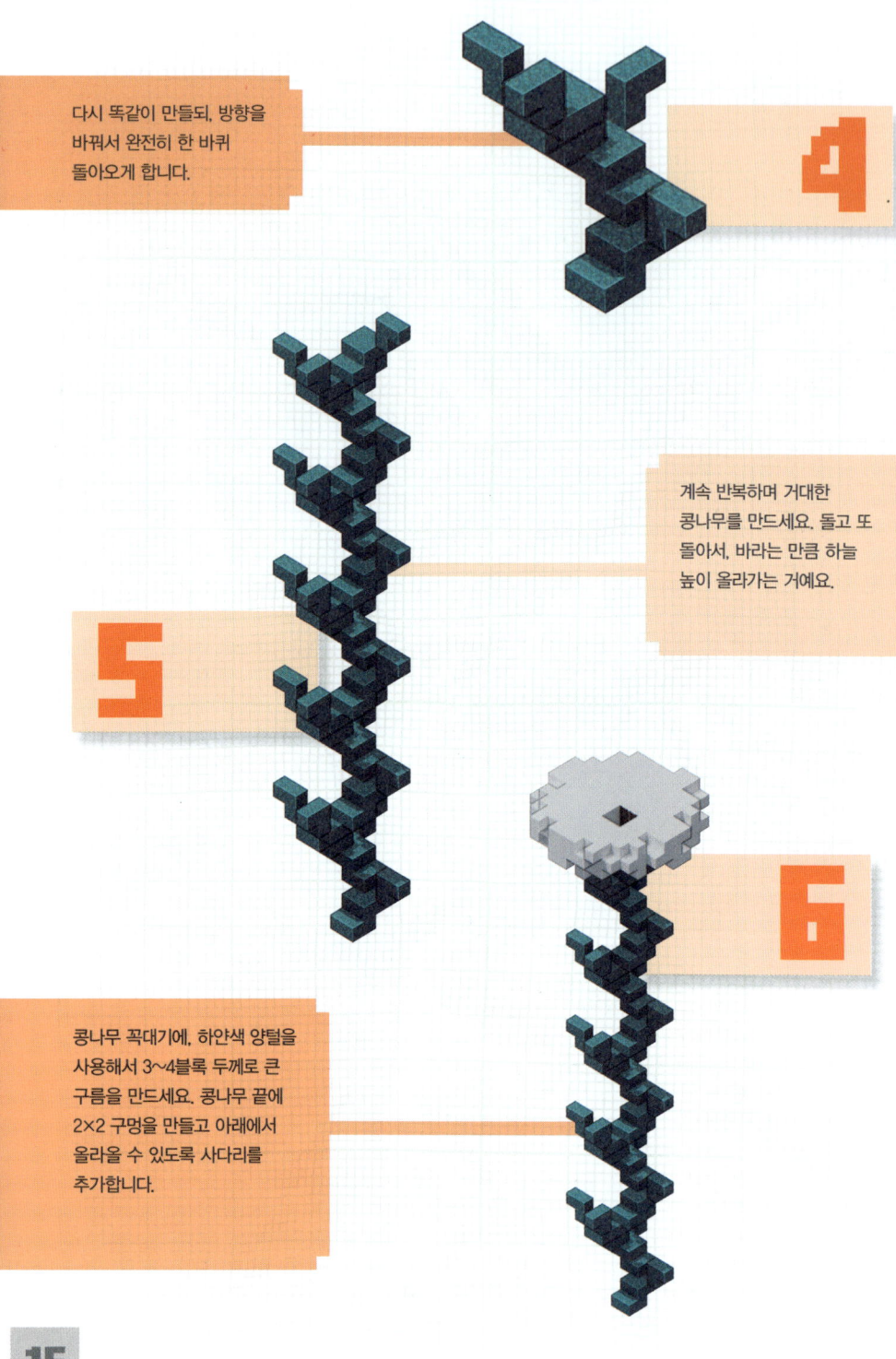

4 다시 똑같이 만들되, 방향을 바꿔서 완전히 한 바퀴 돌아오게 합니다.

5 계속 반복하며 거대한 콩나무를 만드세요. 돌고 또 돌아서, 바라는 만큼 하늘 높이 올라가는 거예요.

6 콩나무 꼭대기에, 하얀색 양털을 사용해서 3~4블록 두께로 큰 구름을 만드세요. 콩나무 끝에 2×2 구멍을 만들고 아래에서 올라올 수 있도록 사다리를 추가합니다.

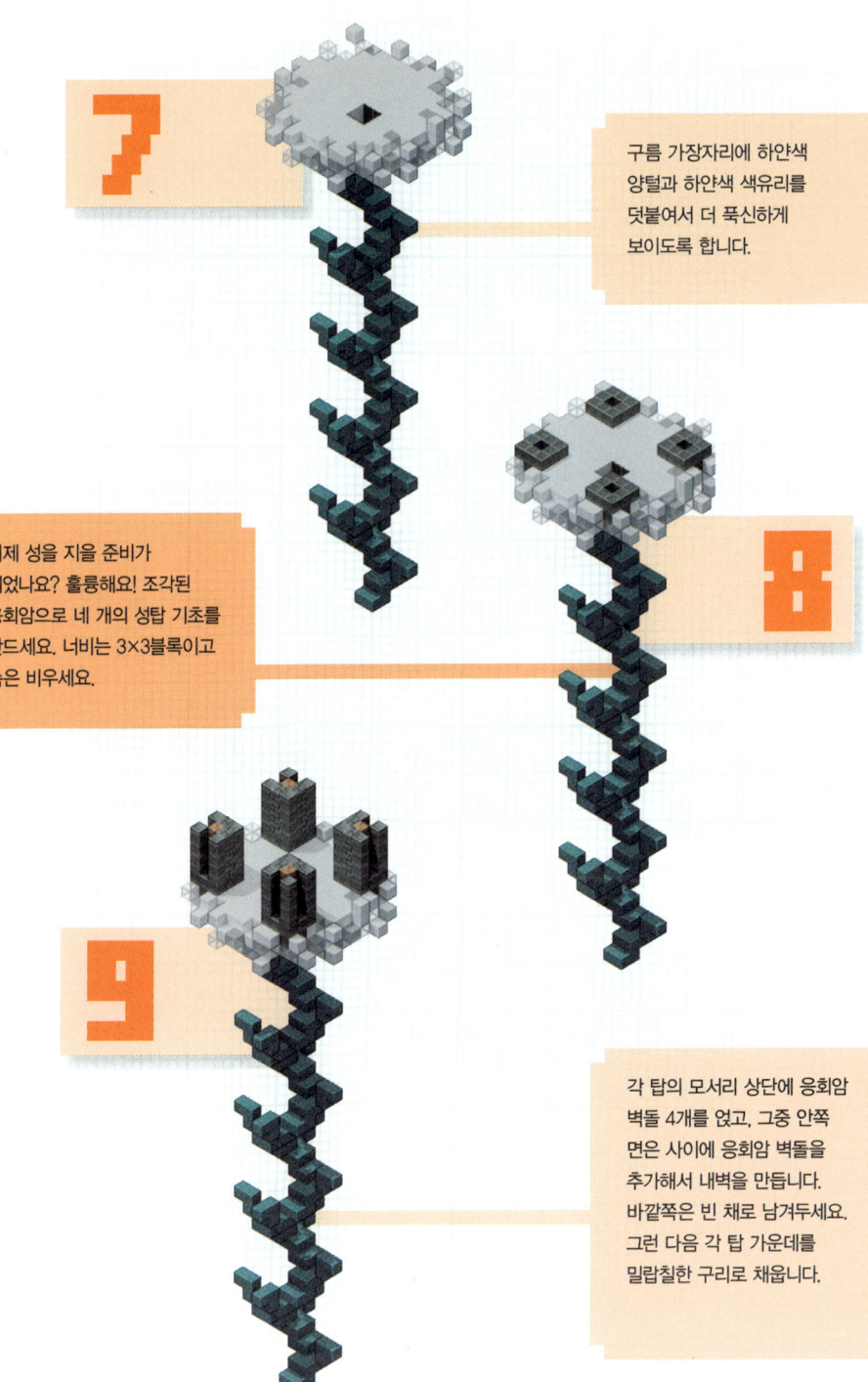

7 구름 가장자리에 하얀색 양털과 하얀색 색유리를 덧붙여서 더 푹신하게 보이도록 합니다.

이제 성을 지을 준비가 되었나요? 훌륭해요! 조각된 응회암으로 네 개의 성탑 기초를 만드세요. 너비는 3×3블록이고 속은 비우세요.

8

9 각 탑의 모서리 상단에 응회암 벽돌 4개를 얹고, 그중 안쪽 면은 사이에 응회암 벽돌을 추가해서 내벽을 만듭니다. 바깥쪽은 빈 채로 남겨두세요. 그런 다음 각 탑 가운데를 밀랍칠한 구리로 채웁니다.

각 탑의 빈 홈 맨 위에 응회암 벽돌을 추가하고, 그 밑에 응회암 벽돌 계단을 덧붙입니다. 그런 다음 모든 탑에 밀랍칠한 구리 블록을 한 층 추가하세요.

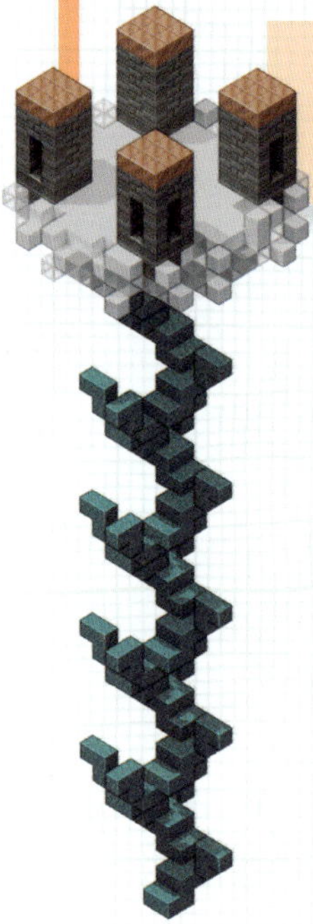

멋진 성은 모두 망루가 있어요. 그러니 우리도 만들어야죠. 탑의 각 모서리 옆면에 뒤집힌 응회암 벽돌 계단을 붙이고 다시 그 위에 똑바른 계단을 얹으세요. 그런 다음 그 사이에 응회암 벽돌 반 블록을 추가합니다.

10

11

서로 마주보고 있는 탑 벽의 중앙에 기둥을 추가함으로써 성벽을 만들기 시작합니다. 각 기둥은 조각한 응회암 벽돌 블록 1개 위에 응회암 블록 2개로 구성됩니다.

12

18

13

성 앞면에는 양쪽 기둥에 뒤집힌 응회암 벽돌 계단을 서로 마주보게 덧붙입니다. 그 밖의 다른 면은 중앙에 탑의 바깥면에 맞춰서 3×3 벽을 만듭니다. 응회암 벽돌과 응회암 블록을 섞어서 사용하면 돼요.

14

입구 위의 아치를 응회암 벽돌 반 블록과 계단으로 마무리하고, 같은 블록을 이용해 성벽에도 흉벽을 만드세요.

15

장식을 덧붙여서 성을 마무리하세요! 밀랍칠한 구리 블록 위에 응회암 벽돌 벽 2개를 얹어 깃대를 만들고 청록색과 주황색 양모 블록으로 깃발을 표현할 수 있어요. 탑 주변에 같은 색의 현수막을 추가해도 좋아요.

마술사 모자

토끼 귀가 튀어나온 거대한 마술사 모자보다 더 마법 같은 것이 있을까요? 그건 바로 거기서 실제로 토끼가 튀어나오는 것이죠! 이 건물을 만들면 여러분은 기지를 떠날 때마다 기쁨으로 통통 뛰어다니게 될 거예요! 당근밭 주위에 울타리를 치는 것만 잊지 마세요. 모자에서 나온 토끼가 당근을 다 먹어치울 수 있으니까요.

난이도
★☆☆☆☆
15분

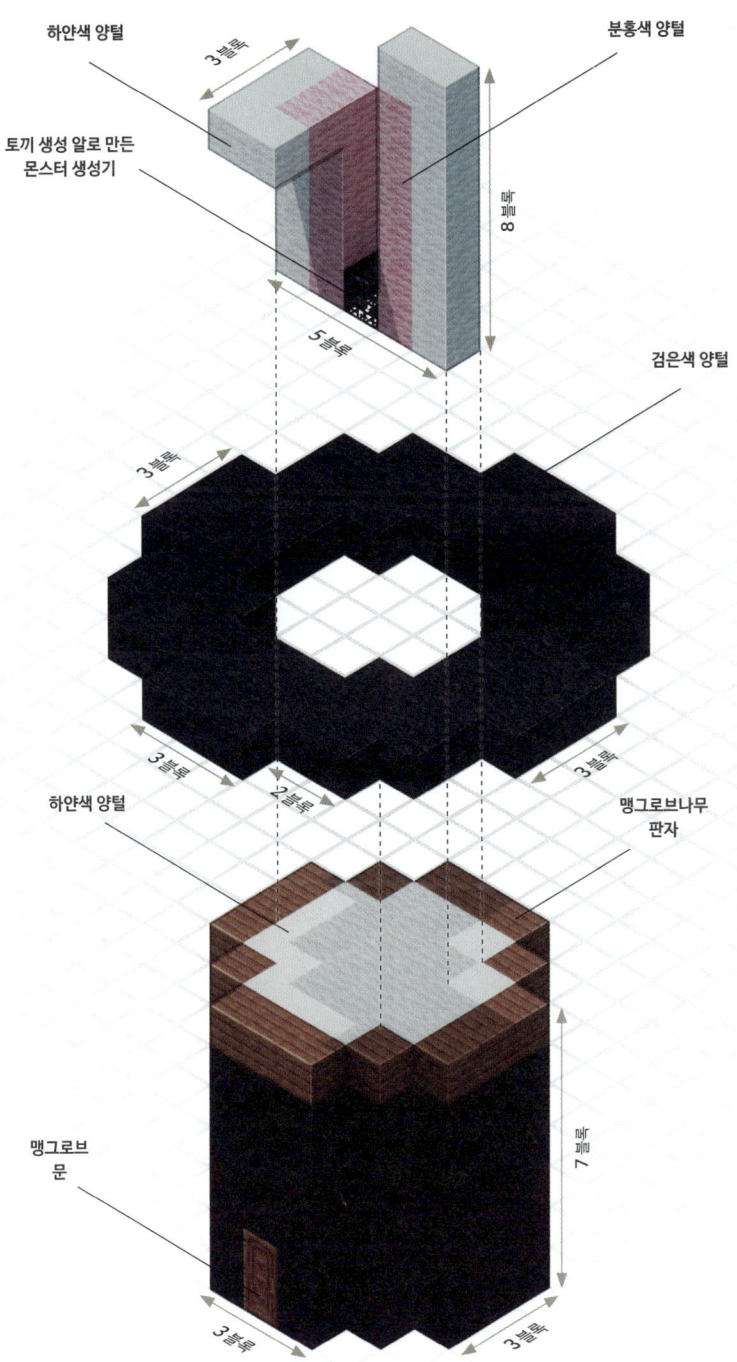

사나운 드래곤

'내 기지에서 물러나라!'는 표현으로 문간에 불을 뿜는 드래곤을 두는 것만큼 강렬한 방법은 없겠죠! 이 건물은 보물 수집가나 용감한 외톨이 모험가에게 완벽한 보안 시스템입니다. 누구든 너무 가까이 다가온 사람은 드래곤이 내뿜는 화염구로부터 도망쳐야 할 거예요.

난이도
★★★☆☆
30분

1

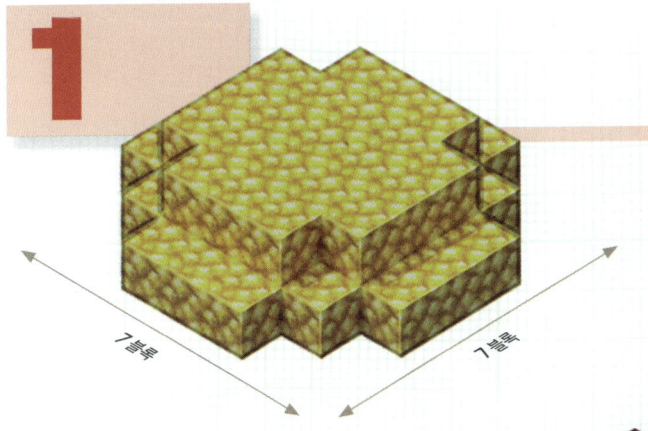

금 원석 블록을 사용하여 용 조각상의 좌대를 만듭니다. 걱정 마세요! 그 금을 훔칠 만큼 용감한 사람은 아무도 없을 테니까요. 첫 번째 층은 7블록 너비의 원 모양으로 만듭니다. 그런 다음 그 위에 한 블록 더 안쪽으로 들어온 한 층을 추가합니다.

7 블록 7 블록

2

맹그로브나무 판자를 이용해 지그재그 형태로 첫 번째 다리를 만듭니다. 발톱은 석영 계단을 앞에 붙여서 표현해요.

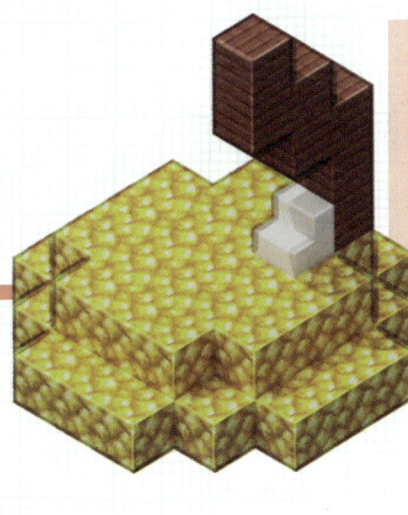

3

같은 블록 구성으로, 첫 번째 다리에서 계단식으로 멀어지도록 두 번째 다리를 만듭니다. 두 다리는 높이가 같아야 하며 그 끝은 사이에 1블록의 공간을 두고 서로 나란히 있어야 합니다.

23

4

이제 몸체를 만들기 시작할 시간입니다! 다리 사이에 1블록 너비로 맹그로브나무 판자와 반 블록으로 몸 형태를 만듭니다. 뒤쪽은 사각형이어야 하고, 목이 시작되는 곳에는 갈고리가 있어야 합니다.

옆모습

5

망그로브나무 판자로 목을 마무리하고 맹그로브나무 판자, 계단, 반 블록으로 벌린 입을 만듭니다.

옆모습

6

머리 양쪽에 석영 계단 2개와 석영 반 블록으로 무시무시한 뿔을 만드세요. 윤나는 흑암 버튼을 달아서 눈을 표현합니다. 그런 다음 발사기를 입에 달고, 그 양쪽에는 맹그로브 표지판을 붙입니다.

7 물론, 드래곤에게 다리가 두 개만 있는 건 아니죠. 그러니까 몸을 더 만들 거예요. 맹그로브나무 판자를 사용해 그림과 같이 몸을 연장합니다.

옆모습

8 몸 양쪽에 두꺼운 뒷다리를 붙입니다. 맹그로브나무 판자로 뒤를 향한 물음표 모양으로 만들고, 양쪽 발에 각각 석영 계단을 붙입니다.

9 꼬리가 없는 드래곤을 본 적 있나요? 물론 없겠죠. 거대한 머리와 균형을 이뤄야 하니까요! 맹그로브 나무 판자로 꼬리까지 만듭니다.

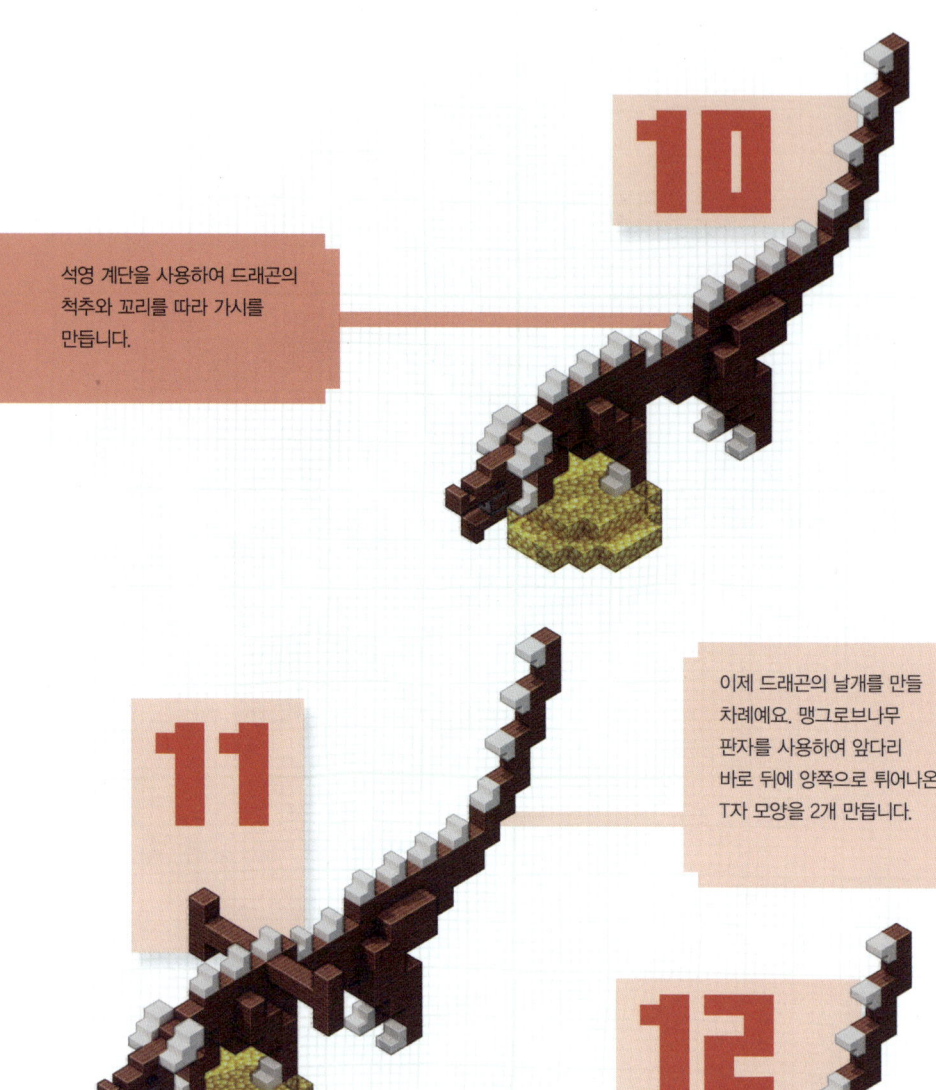

석영 계단을 사용하여 드래곤의 척추와 꼬리를 따라 가시를 만듭니다.

이제 드래곤의 날개를 만들 차례예요. 맹그로브나무 판자를 사용하여 앞다리 바로 뒤에 양쪽으로 튀어나온 T자 모양을 2개 만듭니다.

그림과 같이 양쪽 날개의 위쪽과 아래쪽에 계단식으로 맹그로브나무 판자를 더 추가합니다.

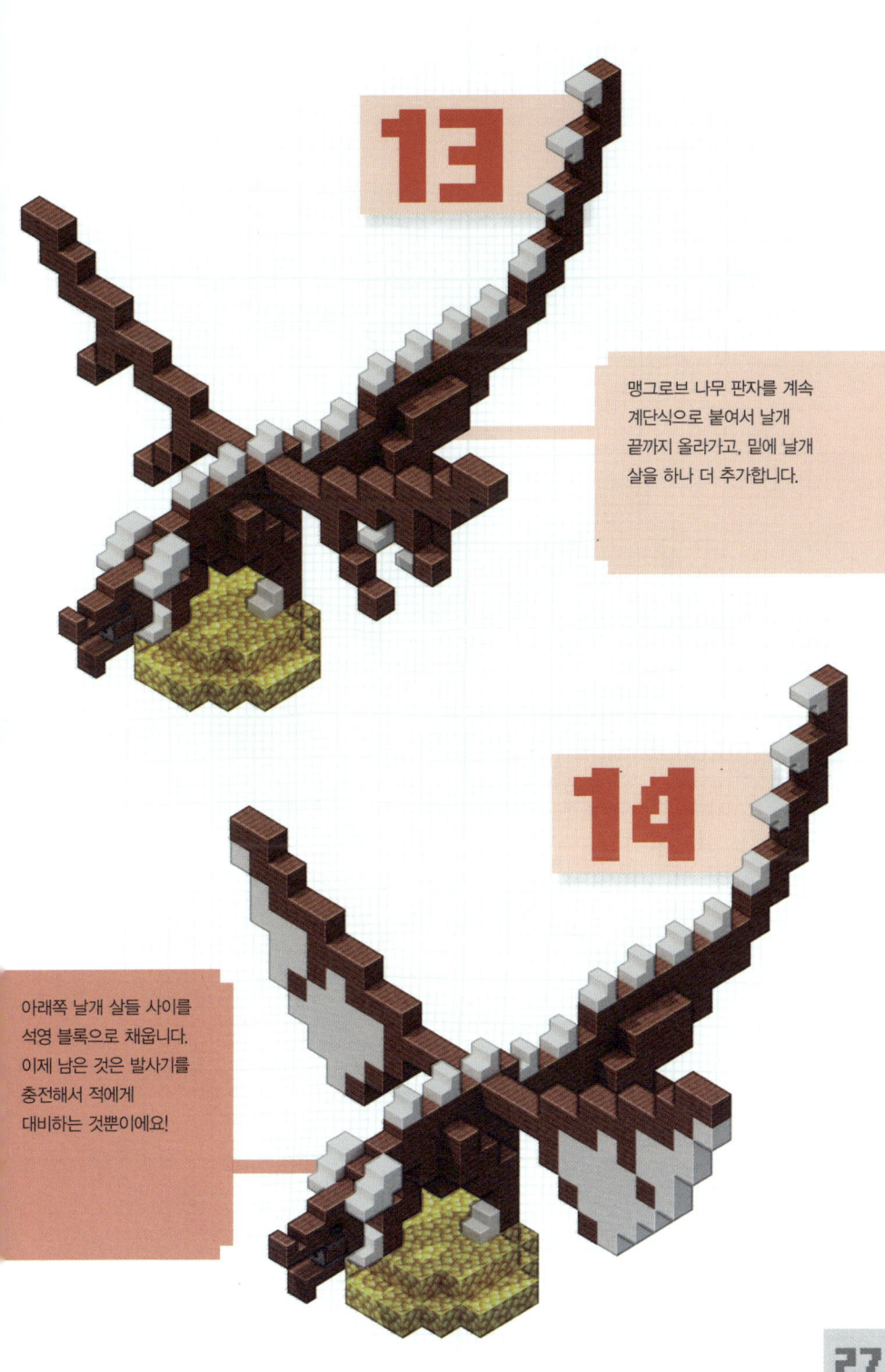

풍선껌 오두막

여러분이 지금까지 본 기지 중 가장 달콤하지 않나요? 풍선껌 오두막의 분위기가 마음에 드신다면 이대로 지어도 딱 맞을 거예요. 그렇지 않다면 자신에게 맞는 양식을 찾을 때까지 블록을 재조합해 보는 건 어떨까요? 마녀 같은 분위기를 선호한다면 심층암과 맹그로브나무 판자를 사용해 보세요.

난이도
★★★★★
⏱ 40 분

1

프리즈머린 벽돌을 사용해 오두막을 세울 기초를 11×15 블록으로 만듭니다. 입구 가까운 쪽 모서리에서는 2×6 블록을 제거하고 프리즈머린 계단 3개를 덧붙입니다.

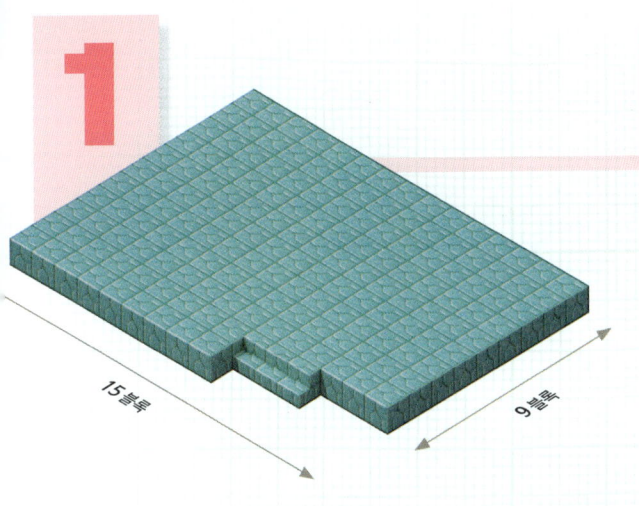

15블록

9블록

2

기지 둘레에 기둥을 여덟 개 세웁니다. 기둥은 껍질 벗긴 자작나무 5개로 만들어요.

3

하얀색 양털, 섬록암, 방해암을 섞어서 오두막의 벽을 4블록 높이로 만듭니다. 창문과 문이 들어갈 공간은 남기고요.

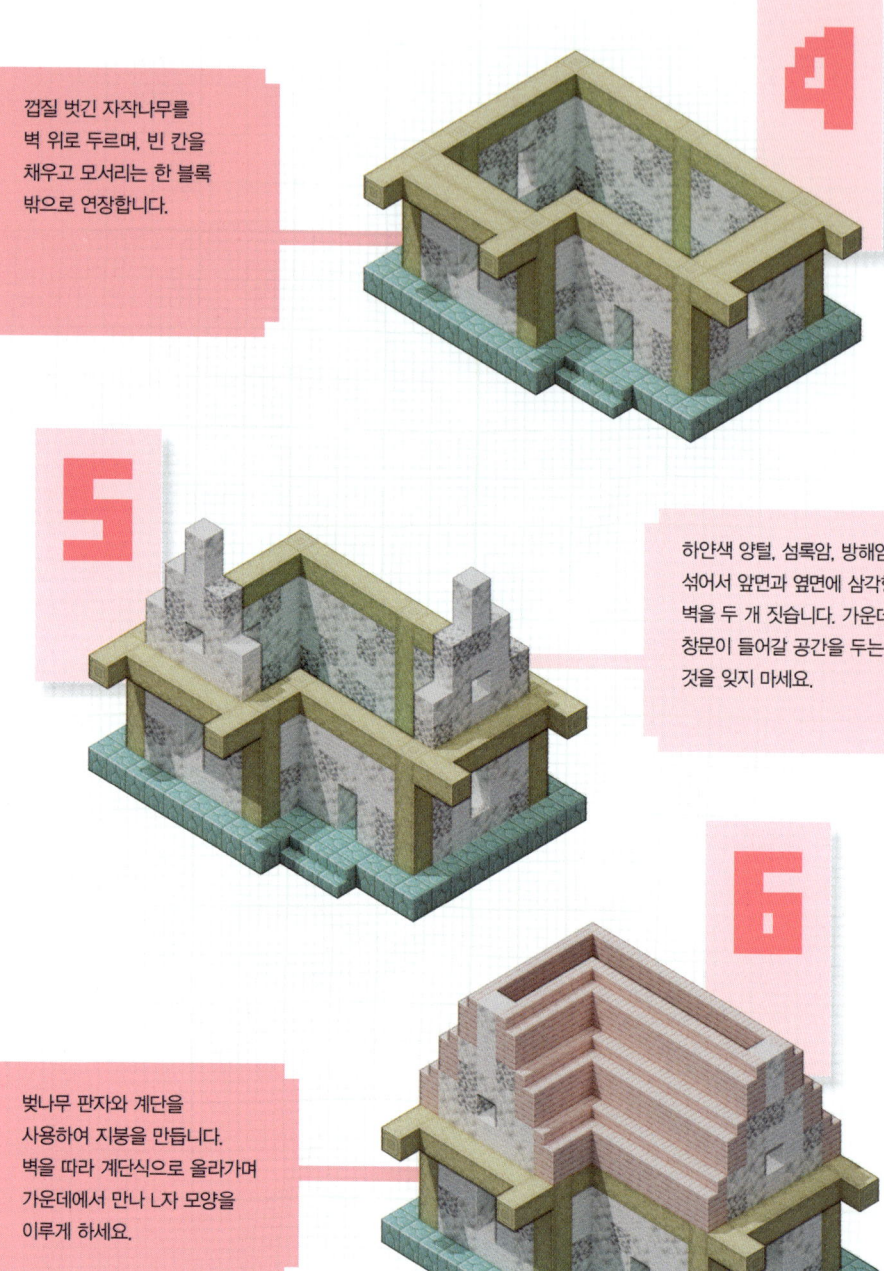

껍질 벗긴 자작나무를 벽 위로 두르며, 빈 칸을 채우고 모서리는 한 블록 밖으로 연장합니다.

하얀색 양털, 섬록암, 방해암을 섞어서 앞면과 옆면에 삼각형 벽을 두 개 짓습니다. 가운데에 창문이 들어갈 공간을 두는 것을 잊지 마세요.

벚나무 판자와 계단을 사용하여 지붕을 만듭니다. 벽을 따라 계단식으로 올라가며 가운데에서 만나 L자 모양을 이루게 하세요.

7

지붕의 상단 및 모든 가장자리에 프리즈머린 벽돌 블록과 계단을 추가합니다. 지붕 꼭대기 양쪽 끝의 계단 아래에는 랜턴을 추가합니다.

8

현관을 짓기 위해, 먼저 자작나무 문을 빈칸에 붙입니다. 양쪽 옆에는 프리즈머린 벽돌 벽을 놓고 그 위에 벚나무 울타리와 벚나무 반 블록을 배치합니다. 벚나무 반 블록 사이에 판자를 추가해서 아치를 완성합니다.

9

창문에 유리판을 추가한 다음, 아래층에는 양쪽에 벚나무 문을 달아서 덧문처럼 보이게 합니다. 잔디 블록 주위를 벚나무 다락문으로 둘러싸서 화단을 만드세요.

10 기둥이 있는 모퉁이에 프리즈머린 벽돌 벽을 추가하고 그 위에 벚나무 울타리를 놓습니다.

11 위층 창문 양쪽에 자작나무 다락문을 추가하여 덧문처럼 보이게 합니다. 자작나무 통나무 블록 아래에도 랜턴을 배치합니다.

12 자작나무 울타리를 사용하여 지붕에 귀여운 풍향계를 만듭니다. 그런 다음 꽃 핀 진달래 잎, 진달래 잎, 덩굴을 섞어서 건물을 장식합니다.

13

자작나무 울타리 위에 얹은 벚나무 잎, 모란, 꽃 핀 진달래로 별장 정원을 채웁니다.

14

자작나무 울타리를 정원에 둘러치고 모퉁이에는 랜턴을 답니다.

자작나무 울타리 위에 얹은 벚나무 잎

인테리어

통, 껍질 벗긴 자작나무, 벚나무 울타리, 랜턴, 화분, 책장 등을 섞어 사용해서 실내에서도 오두막 분위기가 나도록 편안한 집을 꾸미세요. 자작나무 울타리를 장식된 화분 안에 넣고 그 위에 벚나무 잎을 얹으면 작은 실내 나무처럼 보이게 할 수도 있어요!

마법 부여탑

이 매혹적인 건물을 이용해 마법을 펼치고 마력의 기운을 느껴보세요! 소중한 신비로운 책들을 탑 꼭대기에 안전하게 보관하고, 그곳에서 정령을 체험하고 경치를 즐기면서 온갖 아이템에 마법을 부여하는 거예요.

난이도
★★★☆☆
🕐 30분

1

밀랍칠한 산화된 깎인 구리 블록을 사용하여 모서리가 없는 높이 14블록, 너비 5블록의 탑을 만듭니다. 문을 만들 공간은 2블록 남겨 두세요.

2

가문비나무 문을 추가한 다음 탑의 중앙에 사다리를 설치합니다.

3

탑의 모양이 마음에 들면 석영 기둥을 사용하여 각 모서리마다 기둥을 두 개씩 세웁니다.

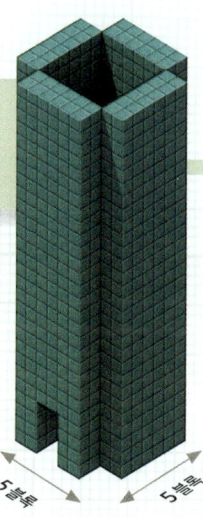

석영 블록으로 사각형 지붕을 추가하고 석영 기둥까지 연장합니다. 사다리가 끝나는 곳에 구멍을 뚫고 그 위에 가문비나무 다락문을 설치합니다. 각 모서리에 석영 계단을 배치하고 그 밑에 랜턴을 매답니다.

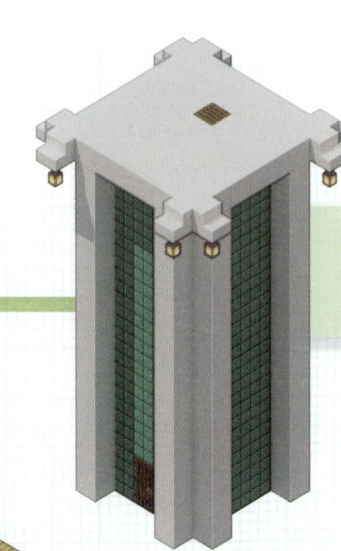

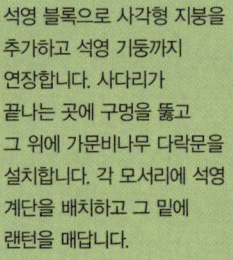

180°
돌린 시점

마법 부여 장비가 없으면 마법 부여탑이 될 수 없겠죠! 마법 부여대를 추가하고 삼면을 책장으로 둘러쌉니다.

장식용 아치를 짓기 시작합니다. 먼저 각 모서리에 석영 기둥 2개를 추가한 다음 그 위에 석영 계단을 놓습니다. 계단의 두 옆면에 뒤집힌 계단 2개를 더 추가하고 그 위에 석영 기둥을 얹습니다.

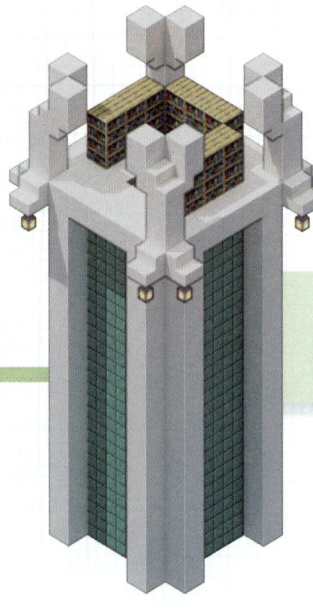

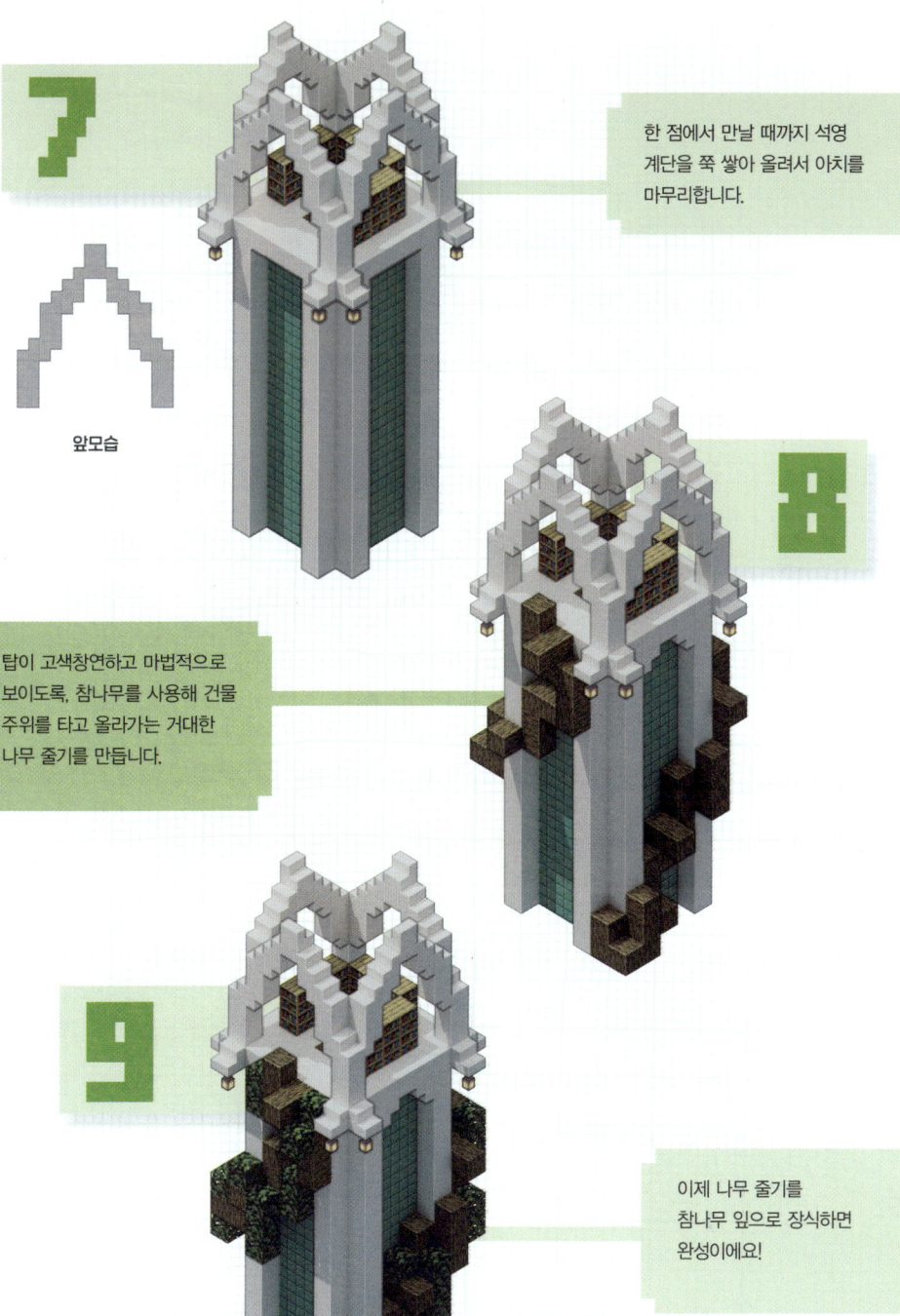

7

한 점에서 만날 때까지 석영 계단을 쭉 쌓아 올려서 아치를 마무리합니다.

앞모습

8

탑이 고색창연하고 마법적으로 보이도록, 참나무를 사용해 건물 주위를 타고 올라가는 거대한 나무 줄기를 만듭니다.

9

이제 나무 줄기를 참나무 잎으로 장식하면 완성이에요!

호박 마차

비비디 바비디 부~ 마법 같은 호박 마차를 만들어 봐요! 이걸 타고 멀리 갈 수는 없겠지만, 사악한 마녀나 때때로 찾아오는 좀비들로부터는 안전하게 지켜줄 거예요. 호박 파이만 넉넉히 준비해 두면 아무 걱정 없이 밤을 넘기고 다시 바깥으로 모험을 떠날 수 있어요.

난이도
★★☆☆☆
20분

1

가운데에 구멍을 두고 정글 나무 판자 4개를 둥글게 배치한 다음 정글 나무 계단을 각 구석에 추가하여 첫 번째 바퀴를 만듭니다.

2

9블록 간격을 두고 1단계를 반복해서 바퀴 하나를 더 만듭니다. 거기서 4블록 뒤쪽에 바퀴 두 개를 더 만들고요.

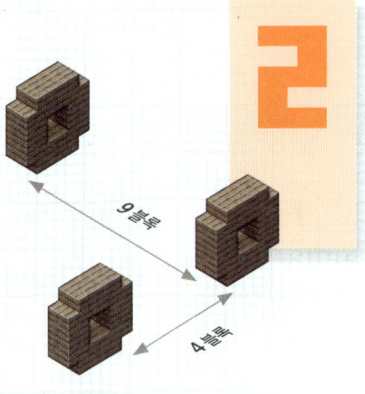

3

초록색 콘크리트 블록을 사용하여 앞바퀴와 뒷바퀴를 안쪽에서 서로 연결하는 구부러진 덩굴을 만듭니다.

4

계속해서 녹색 콘크리트 블록을 사용하여 양쪽 바퀴를 서로 연결합니다.

마차 가운데에 주황색 양털을 사용하여 사각형을 짓습니다. 덩굴과 1블록 간격이 있어야 해요.

계속해서 주황색 양털을 사용하여 처음 만든 사각형에서 1블록씩 바깥쪽 위에 둘레를 만듭니다.

방금 만든 층에서 다시 1블록씩 위와 바깥쪽으로, 주황색 양털로 4블록 높이의 벽을 모퉁이가 둥글게 들어가도록 쌓습니다. 사람이 드나들 수 있도록 한쪽 옆에는 아카시아나무 문 2개를 붙입니다.

8

호박의 아래쪽 층을 거울에 비추듯 지붕을 만듭니다. 두 층에 걸쳐 1블록씩 안으로 들어가며 쌓습니다.

9

초록색 콘크리트 블록을 사용하여 호박 위에 휘어진 꼭지를 만듭니다.

10

호박 마차의 가장자리에 덩굴을 약간 추가하면 더 자연스럽고 사실적으로 보여요.

개구리 왕자

이 개구리 군주는 오랫동안 돌 속에 갇힌 채 누군가 와서 저주를 풀어 주기만을 기다렸어요. 하지만 기다리는 동안 멋진 분수를 만들 수 있을 것 같지 않나요? 나만의 '개구'진 개구리 왕자 분수를 만들어 연못이나 수경 시설에 마법적인 느낌을 더해보세요!

난이도
★★☆☆☆
10분

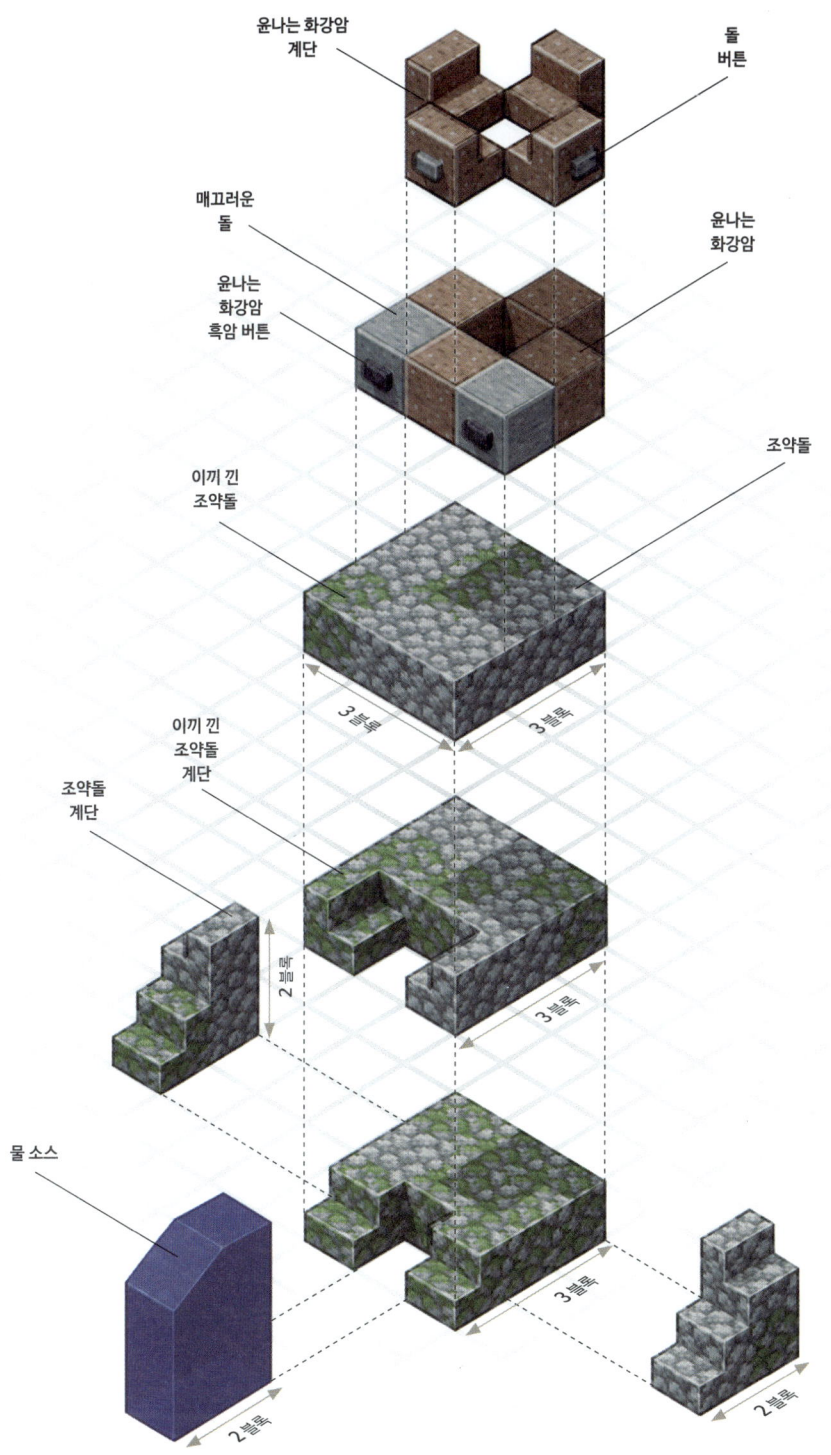

발광 버섯

요정의 삶을 살고 싶거나, 밤에 항상 기지를 찾느라 고생하거나 아니면 그냥 곰팡이 집을 찾고 있다면, 이 발광 버섯 기지가 딱 맞을 거예요. 숲 전체를 버섯으로 가득 채워서 버섯 왕국을 만들 수도 있겠죠. 그리고 여러분이 왕이 되는 거예요(아니면 말고요)!

난이도
★★★★☆
🕐 35 분

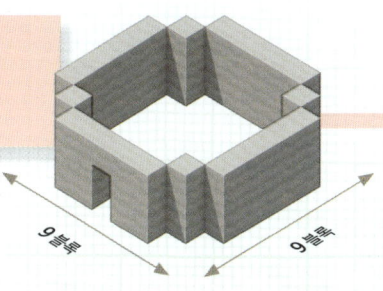

버섯 줄기를 만드는 것부터 시작합니다. 재료는 (짐작 하셨겠지만) 버섯 줄기고, 둥근 모양으로 3블록 높이로 쌓습니다. 정면에는 문을 달 공간을 남겨 두세요.

버섯 줄기를 다시 3층 쌓는데, 모서리만 1블록 안으로 들어가게 합니다. 그런 다음, 건물의 네 직선 변마다 가운데에 블록을 하나씩 더 얹습니다.

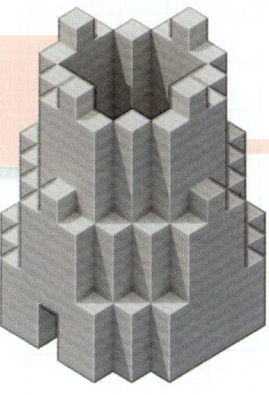

같은 블록을 사용하여, 모든 면에서 안쪽으로 한 칸씩 들어가서 4블록 높이로 쌓습니다. 이번에도 직선 변마다 가운데에 블록을 하나 더 얹습니다.

다시 한 블록 들어가서, 2블록 높이의 직선 벽 네 개를 만듭니다. 모서리는 둥글게 남겨 두고요.

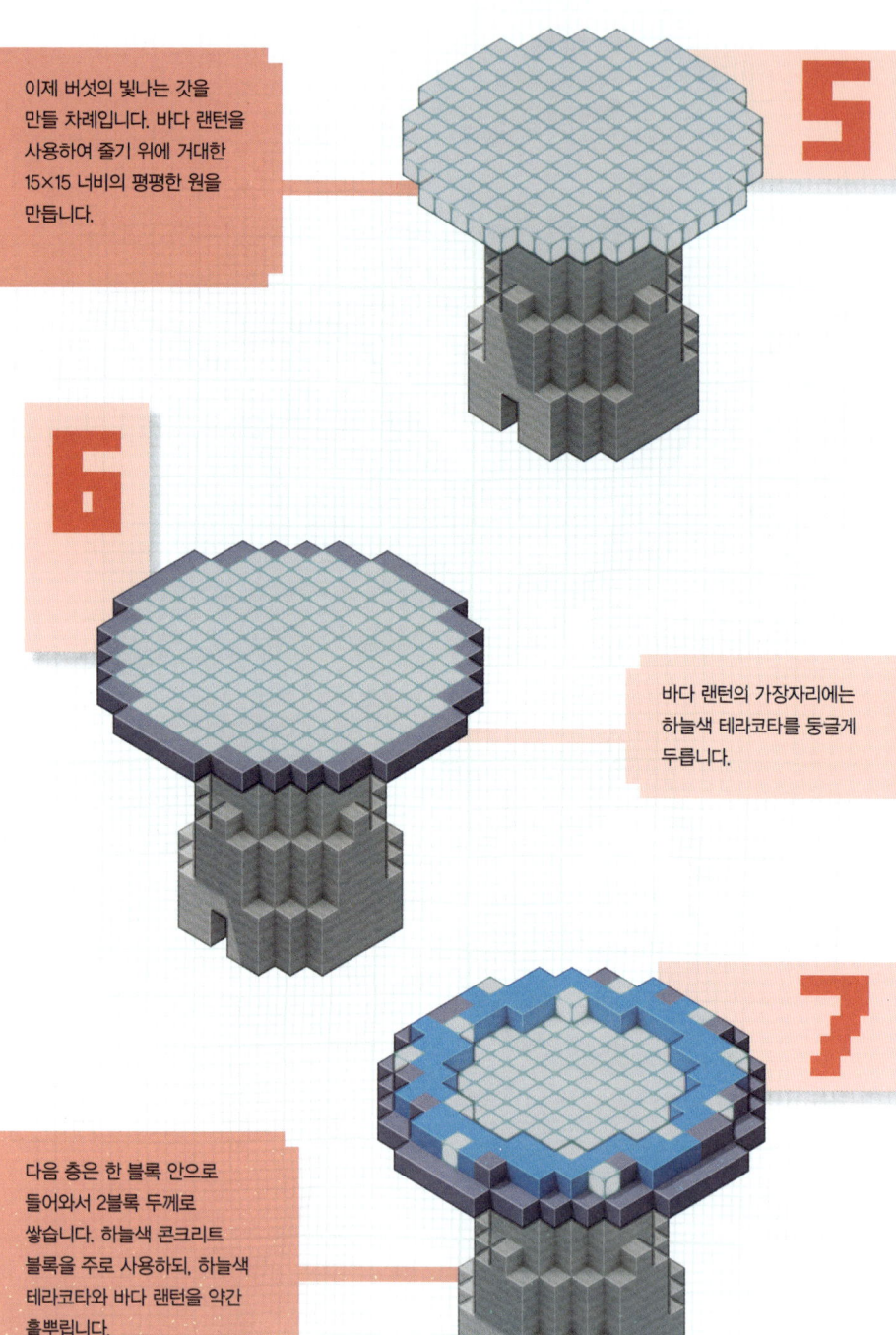

이제 버섯의 빛나는 갓을 만들 차례입니다. 바다 랜턴을 사용하여 줄기 위에 거대한 15×15 너비의 평평한 원을 만듭니다.

바다 랜턴의 가장자리에는 하늘색 테라코타를 둥글게 두릅니다.

다음 층은 한 블록 안으로 들어와서 2블록 두께로 쌓습니다. 하늘색 콘크리트 블록을 주로 사용하되, 하늘색 테라코타와 바다 랜턴을 약간 흩뿌립니다.

다음 층은 2블록 안으로 들어와서 쌓습니다. 마찬가지로 하늘색 콘크리트 블록을 주로 사용하지만 바다 랜턴과 하늘색 양털을 조금 흩뿌립니다. 직선 가장자리는 2블록, 대각선 쪽은 1블록 두께로 만들어 바깥쪽은 원형이고 안쪽은 거의 정사각형이 되도록 합니다.

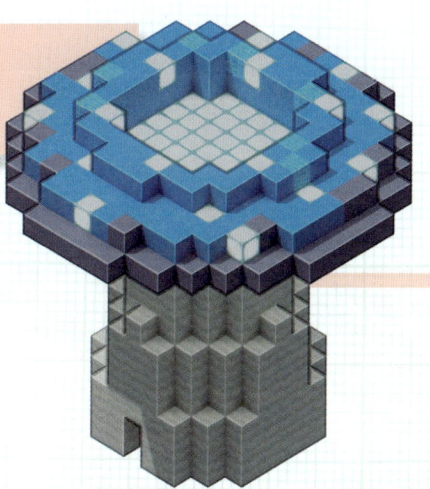

맨 위의 마지막 층을 하늘색 양털로 덮고 바다 랜턴 몇 개를 박아 넣습니다.

이제 장식할 시간이에요! 뒤틀린 문을 추가한 다음 양쪽에 뒤틀린 울타리 2개를 배치합니다. 뒤틀린 반 블록 2개 가운데에 뒤틀린 판자를 배치해서 현관 처마를 만듭니다. 뒤틀린 울타리를 사용해서 버섯갓 밑에 영혼 랜턴 몇 개를 매답니다.

신발 속 집

정말 '신'같은 집이네요! 이런 건축물의 발자취를 본 적이 있나요? 이 거대한 장화를 남기고 갈 만큼 큰 몹을 상상해 보세요... 어쨌든, 이 웅'장화' 매력이 있는 신발 모양 집을 만들어서 친구들과 가족들이 신발 벗고 뛰어나올 정도로 놀라게 해 보는 건 어떨까요?

난이도
★★★★☆
⏱ 40 분

1

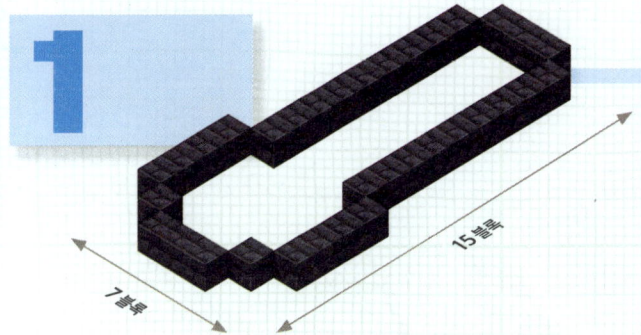

윤나는 흑암 벽돌을 발바닥 모양으로 배치해서 신발 밑창을 짓습니다. 뒤는 5블록 너비고 앞은 7블록 너비예요.

2

가문비나무 판자를 사용해서 밑창을 따라 3블록 높이로 벽을 만드는데, 가운데 부분만 넓은 너비를 5블록 더 뒤까지 유지합니다. 유리판과 문을 붙일 구멍은 남겨 두세요.

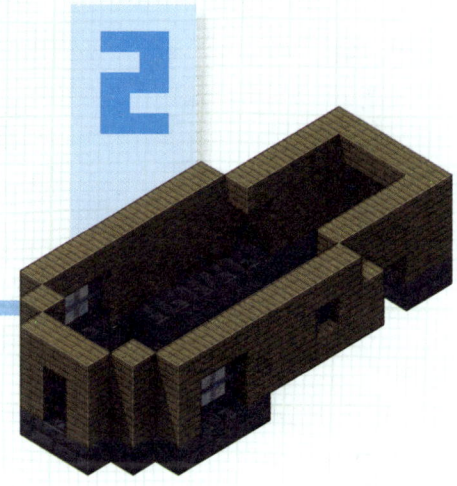

3

가문비나무 판자로 이 장화를 2블록 더 쌓고 천장을 만듭니다. 둥근 앞부분을 표현하기 위해 앞쪽 가장자리는 계단식으로 들어오게 쌓습니다. 뒤쪽은 천장을 덮지 말고 발목 부분이 놓일 공간을 남기세요.

가문비나무 판자를 사용하여 장화의 발목 부분에 둥근 벽을 4블록 높이로 쌓습니다. 양쪽 옆에는 유리판으로 창문을 추가하세요.

석재 벽돌로 발목 부위 모퉁이에 벽 기둥을 추가합니다. 벽돌 블록과 반 블록을 사용하여 꼭대기까지 계단식으로 올라가는 지붕을 만드는데, 한쪽 옆에는 구멍을 남겨 두세요.

문 주변에 금 간 석재 벽돌과 석재 벽돌 블록을 사용하여 아치를 만들고, 참나무 문을 붙입니다.

7

유리 블록 주위에 참나무 다락문을 붙여서 창문 밑에 화단을 만들고, 여닫을 수 있게 두어 장 더 붙입니다. 화단에는 꽃을 장식하세요. 여기서는 분홍색 꽃잎을 사용했습니다.

8

장화 기지 위에 사슬을 사용하여 신발끈을 표현합니다.

9

참나무 잎으로 지붕을 채우고 장화 옆면을 따라 흘러내리는 모양으로 배치하세요. 랜턴 몇 개를 사슬에 달아서 마무리합니다.

알레브리헤 상

멕시코 민속 문화에서 영감을 얻은 이 아름다운 조각상들로 오버월드를 채워보세요. 요령은 다양한 색상을 사용하여 독특하게 보이는 동물을 만드는 것입니다. 창의력이 핵심이죠. 여기에 몇 가지 예시가 나와 있지만, 그대로 따라 할 필요는 없으니 여러분이 바라는 대로 알레브리헤를 만들어 보세요!

난이도
★☆☆☆☆
30 분

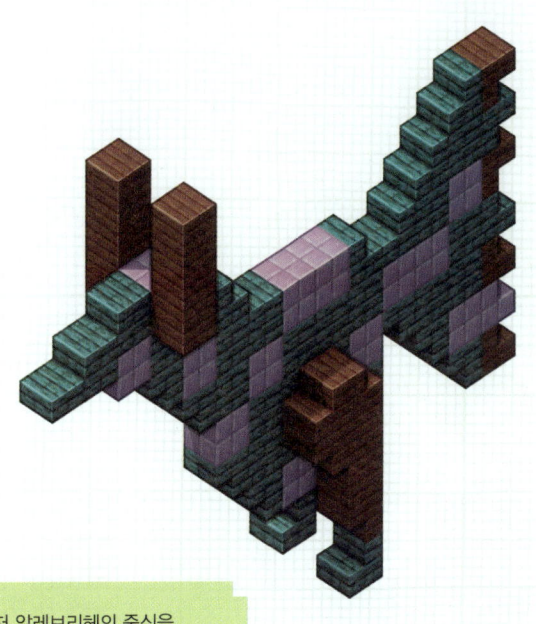

이 알레브리헤는 뿔 달린 화려한 닭 같아요.

먼저 알레브리헤의 중심을 평면으로 만듭니다. 맹그로브 계단, 뒤틀린 판자, 반 블록, 계단으로 옆에서 본 닭 모습을 표현합니다. 한 발짝 물러나서 여러분이 만들 건물의 기반이 마음에 드는지 살펴보세요.

1

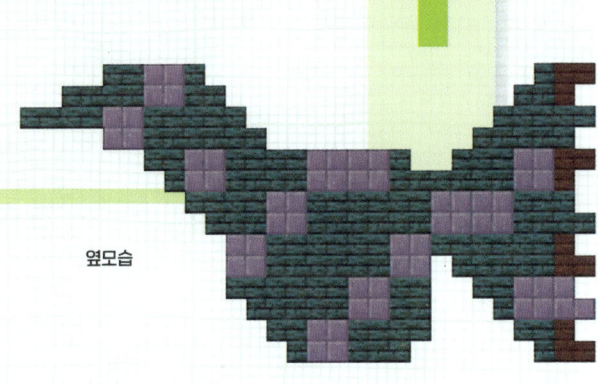

옆모습

2

옆모습

다음으로 맹그로브나무 판자와 계단, 뒤틀린 계단을 사용하여 다리와 뿔을 만듭니다. 건물의 양쪽 모두에 이 작업을 수행합니다.

색이 다채로운 말보다
더 멋진 것은 무엇일까요?
물론 날개가 달리고 색이
다채로운 말이죠!

먼저, 중심에 평면으로 말의 머리,
몸통, 꼬리 모양을 표현합니다.
뒤틀린 판자와 계단,
대나무 모자이크 블록과 계단,
매끄러운 붉은 사암 블록,
반 블록, 계단을 사용해서요.

옆모습

옆모습

몸통의 양 옆에 다리와 날개를
추가합니다. 사용하는 블록은
몸통과 같아요.

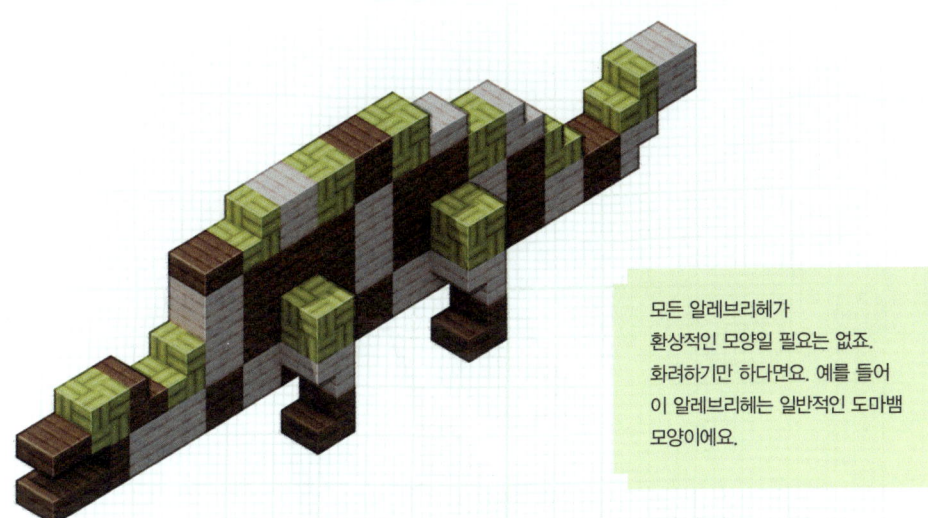

모든 알레브리헤가 환상적인 모양일 필요는 없죠. 화려하기만 하다면요. 예를 들어 이 알레브리헤는 일반적인 도마뱀 모양이에요.

이번에도 알레브리헤의 중심을 평면으로 만드는 것부터 시작합니다. 도마뱀의 머리, 몸통, 꼬리 모양으로 만든다는 점만 달라요. 대나무 모자이크 블록과 계단, 맹그로브나무 판자, 반 블록, 계단, 벚나무 판자, 반 블록, 계단을 사용하여 멋지고 화려한 상을 만들어 보세요.

옆모습

옆모습

다음에는 몸통과 같은 블록들을 사용하여 알레브리헤의 양쪽에 각각 두 개씩 다리를 추가하세요. 이걸로 완성이에요! 또 어떤 알레브리헤를 만들어볼까요?

바나나 스플릿 기지

이 건물은 눈은 물론 혀까지 사로잡는 마법 같은 기지예요! 마인크래프트에 아이스크림은 존재하지 않지만, 안에서 편히 쉬고, 긴장을 풀고, 몸을 식힐 수 있는 '맛'진 집을 만들 수는 있어요. 이 맛있는 기지의 가장 큰 장점은 선택한 테마에 맞게 색상을 바꿀 수 있다는 점이죠.

난이도
★★★☆☆
🕒 25 분

1

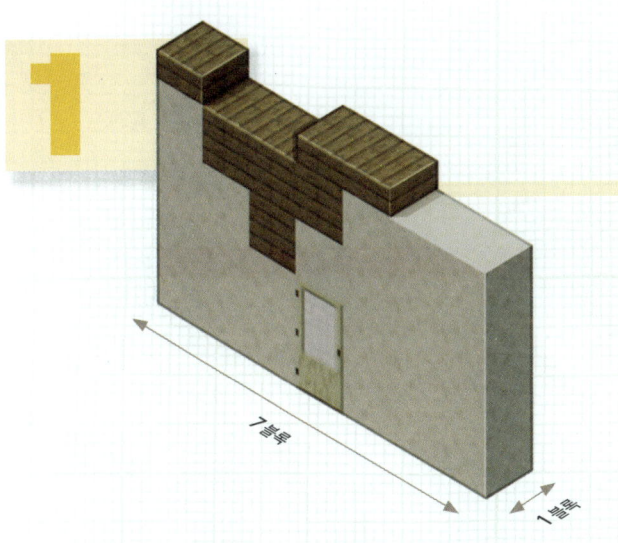

매끄러운 사암 블록을 사용하여 7블록 너비의 벽을 만듭니다. 상단과 중간에는 매끄러운 사암 대신 가문비나무 판자와 반 블록을 배치합니다. 이러면 끈적끈적하게 녹은 초콜릿처럼 보일 거예요. 자작나무 문을 설치하면 집 안으로 들어갈 수 있게 되죠!

7 블록

1 블록

2

매끄러운 사암 블록, 반 블록, 계단을 사용하여 벽을 위쪽으로 계단식으로 연장해서 곡선 모양을 만듭니다. 가문비나무 블록과 반 블록을 추가하여 초콜릿 소스를 더하고 석영 블록으로 휘핑 크림을 만듭니다.

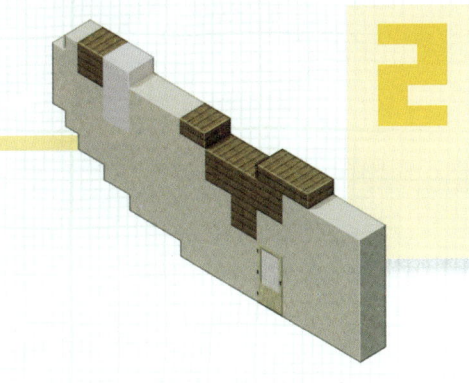

3

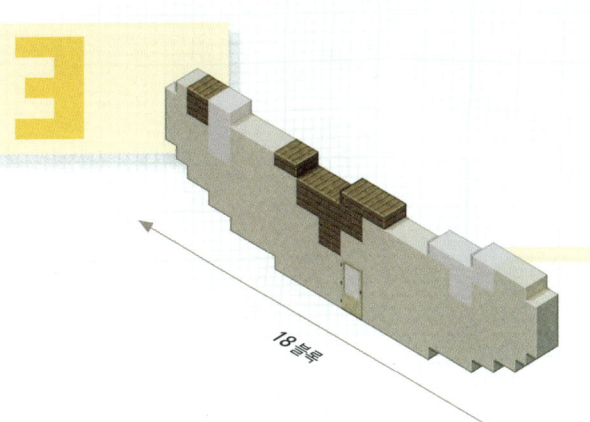

다른 쪽에서도 2단계를 반복하여 바나나 모양을 확장하고 더 많은 석영 블록으로 장식합니다.

18 블록

4

5블록 뒤에서 1, 2, 3단계를 반복하여 바나나 스플릿 벽을 하나 더 만듭니다. 건물 양쪽에 하얀색 콘크리트 블록으로 된 벽을 추가하고 안쪽으로 연장해서 바나나 벽 하단의 구멍을 메웁니다.

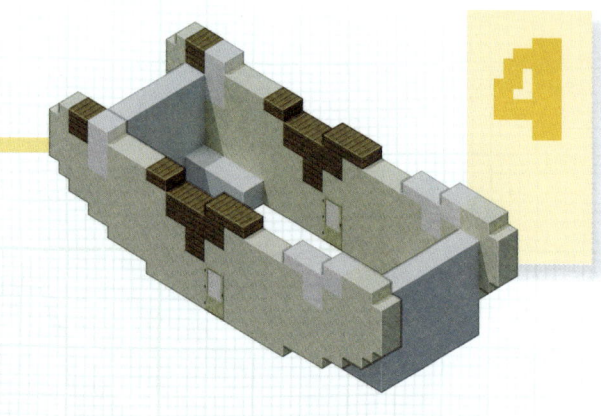

5

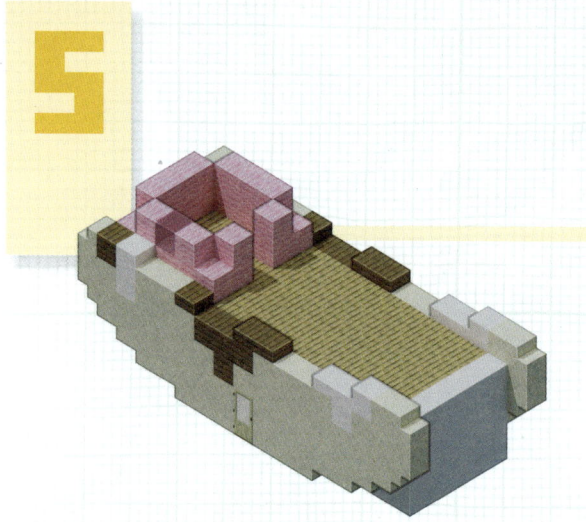

바나나 스플릿 사이를 참나무 판자로 채웁니다. 이제 첫 번째 아이스크림 스쿱을 만들 차례예요! 분홍색 양털로 5×5 정사각형을 만드는데, 문이 될 공간은 남겨두세요. 모서리만 빼고 벽은 한 층 더 올리고 앞쪽에 분홍색 색유리 블록을 추가해서 창문을 만듭니다.

6

분홍색 양털로 벽을 한 층 더 연장한 다음 위에 3×3 지붕을 추가하여 아이스크림 스쿱을 마무리합니다. 한쪽에는 작은 출입구용으로 2블록 높이 빈 칸을 남겨 둡니다.

58

7

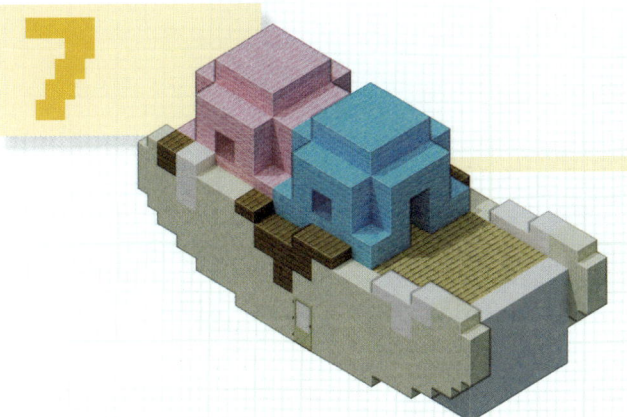

이번에는 하늘색 양털과 하늘색 색유리 블록을 사용하여 5, 6단계를 반복합니다. 마찬가지로 출입구용으로 2블록 높이 빈칸을 두는 것을 잊지 마세요.

8

마지막으로 노란색 양털과 노란색 색유리 블록을 사용하여 다시 5, 6단계를 반복합니다. 출입구를 위해 2블록 높이 빈 칸을 남겨두는 것도 마찬가지고요. 자, 맛있어 보이는 아이스크림 스쿱 세 개가 완성되었어요!

9

각 스쿱의 중앙에 빨간색 양털 블록을 배치하여 마무리합니다. 체리 줄기는 뒤틀린 울타리를 사용해 표현하고요. 뒤틀린, 자작나무, 진홍빛, 아카시아나무 등의 버튼을 얹으면 멋진 고명이 되죠. 이제 드디어 파먹을 시간이에요. 아니 아니… 케이크에 이사 올 시간이라고요.

둥둥 티 파티

티 파티의 손님이 되어 이 '멋진' 건물에 뛰어들어 보세요! 수영으로 오르내릴 수 있는 폭포가 딸린 재미있는 수영장이 있을 뿐만 아니라, 찻주전자 안에는 원치 않는 손님이 찾아왔을 때를 대비한 둥둥 뜬 은신처도 있어요. 그래도 파티를 방해하지는 마, 크리퍼들아!

난이도
★★★★☆
🕒 35분

1

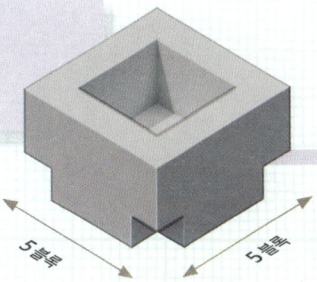

찻잔 수영장 짓기부터 시작하죠. 바닥으로는, 하얀색 콘크리트를 사용하여 모서리가 없는 5×5 정사각형을 만듭니다. 그 위에 이번에는 모서리를 포함해서 두 블록 높이로 가장자리를 쌓아 올립니다.

5 블록 5 블록

2

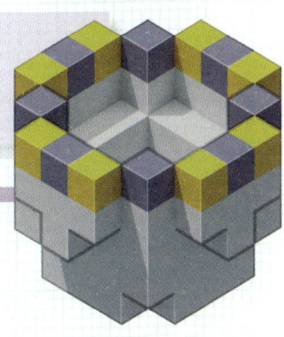

벽의 바깥쪽 중앙에 하얀색 콘크리트 블록 1개를 덧붙인 다음 그 위에 3개를 한 줄로 더 추가하고 모서리에 또 다른 블록을 추가합니다. 그런 다음 노란색 콘크리트 블록과 하늘색 테라코타 블록을 번갈아 가며 위에 한 층을 더 추가합니다.

3

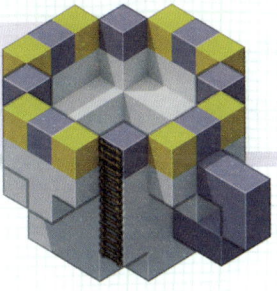

하늘색 테라코타로 손잡이를 만든 다음 옆면에 사다리를 덧붙여서 수영장으로 올라갈 수 있게 합니다.

4

물을 서로 마주보게 각 면에 배치해서 더 이상 흐르지 않을 때까지 찻잔을 채우세요. 이제 찻주전자만 남았어요!

5

하얀색 콘크리트를 사용하여 찻잔 위 옆에 떠 있는 발판의 가운데 부분을 3×3 정사각형으로 만듭니다. 바깥쪽 둘레에는 하늘색 테라코타와 노란색 콘크리트를 추가합니다. 이렇게 하려면 임시 기둥을 만든 뒤에 나중에 제거해야 할 거예요.

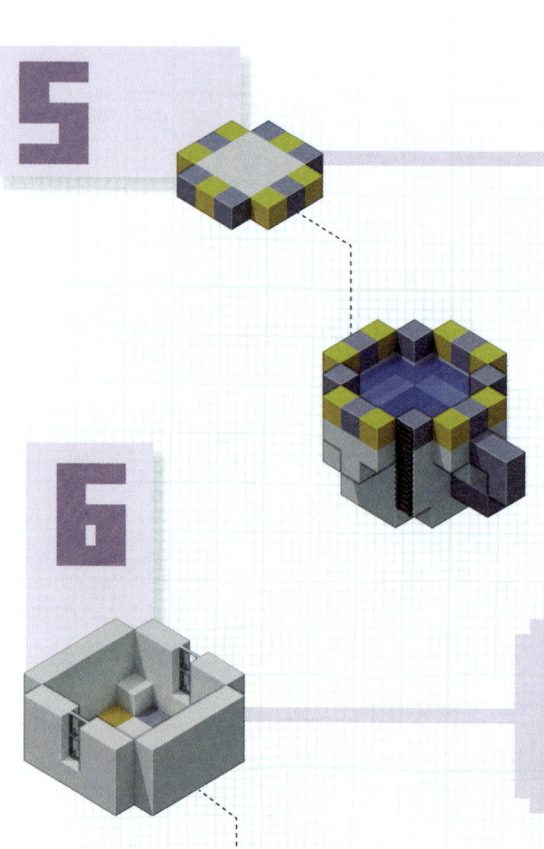

6

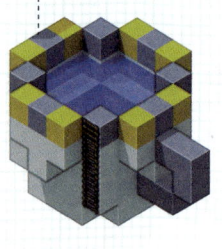

계속해서 하얀색 콘크리트를 사용하여 한 층 위의 바깥쪽에 3 블록 높이의 벽을 만드는데, 가운데 칸은 비워서 유리판을 붙입니다. 모서리에 있는 구멍은 블록을 추가해서 메웁니다.

7

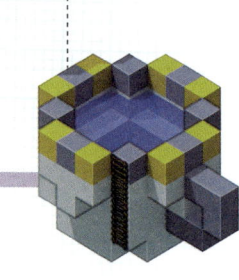

하얀색 콘크리트 두 층을 더 추가하는데, 모서리는 한 칸 안쪽으로 들여서 쌓습니다. 한쪽 옆면에는 입구를 만들기 위한 공간을 남겨 둡니다.

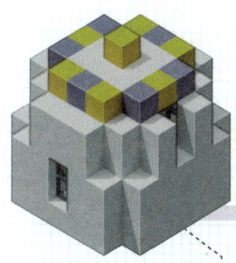

찻주전자의 뚜껑을 만듭니다. 가운데는 하얀색 콘크리트로, 바깥쪽 둘레는 노란색 콘크리트와 하늘색 테라코타로요. 그 위에 노란색 콘크리트 블록 하나를 얹습니다.

8

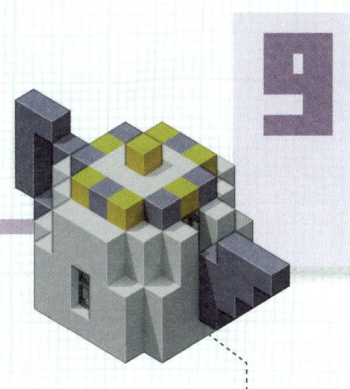

하늘색 테라코타를 사용하여 찻주전자에 손잡이와 주둥이를 만듭니다. 주둥이 끝은 아래에 있는 찻잔 가운데까지 튀어나와야 합니다.

9

10

주둥이 끝에 물 소스 블록을 추가하여 폭포를 만듭니다. 여기로 헤엄쳐서 찻주전자로 들어갈 수 있습니다. 이제 차 마실 시간이에요!

청룡열차

스릴을 추구하는 모든 분들께 알립니다. 이 롤러코스터 건물은 여러분을 위한 거예요! 용의 입속에 있는 광산 수레에 올라탄 다음, 곡선을 그리는 몸체를 따라 오르내리다가 다시 입 속으로 떨어집니다… 그리고 처음부터 다시 시작하는 거예요! 타볼 용기가 있으신가요? 꿀꺽!

난이도
★★★★☆
⏱ 45 분

1

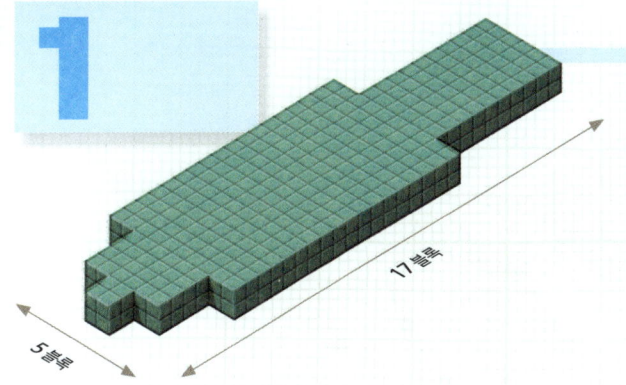

무시무시한 용머리를 만드는 것부터 시작해요! 산화된 깎인 구리 블록을 사용하여 머리와 목이 시작되는 부분의 바닥을 만드세요. 머리는 앞쪽이 뾰족하고 너비가 5블록, 목은 너비가 3블록이 되도록 만들어야 합니다.

2

목이 시작되는 부분 위에 산화된 깎인 구리로 2블록 높이의 벽을 만들고, 머리 쪽으로 5블록을 확장한 뒤 끝에 1블록을 더 붙입니다. 뼈 블록 6개를 추가해서 이빨을 표현합니다. 그런 다음 건물 중앙을 따라 동력 레일을 덧붙이고 끝에는 일반 레일 1개를 붙입니다. 양쪽 이빨 사이와 목을 따라 레드스톤 횃불을 배치합니다.

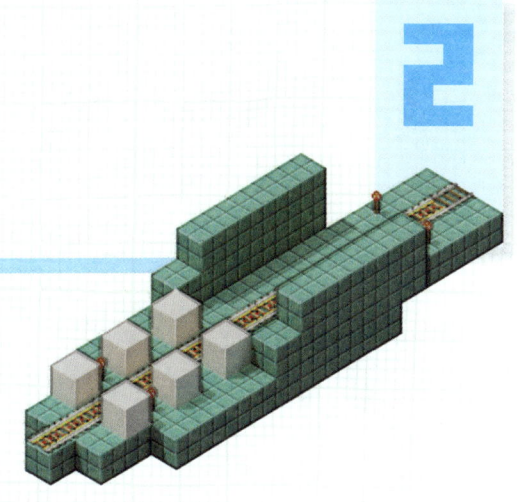

3

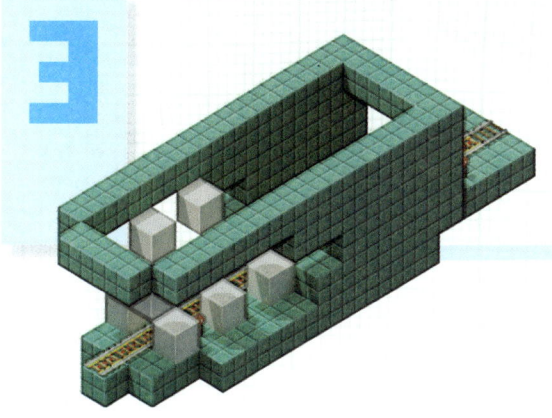

계속해서 산화된 깎인 구리를 사용하여 용의 위턱을 만들기 시작합니다. 아래쪽 입이 3블록 너비가 되는 곳까지 앞으로 뻗어 나가세요.

4

계속해서 산화된 깎인 구리로 용머리의 윗부분을 만듭니다. 코에는 검은색 콘크리트를 붙여서 콧구멍을 표현하세요. 눈 표현에는 황톳빛 개구리불과 검은색 콘크리트 블록을 사용합니다.

5

노란색 콘크리트 블록으로 용에게 멋진 눈썹과 수염을 달아 줍니다.

6

뼈 블록을 다시 사용해서 용에게 웅장한 뿔을 달아 주세요.

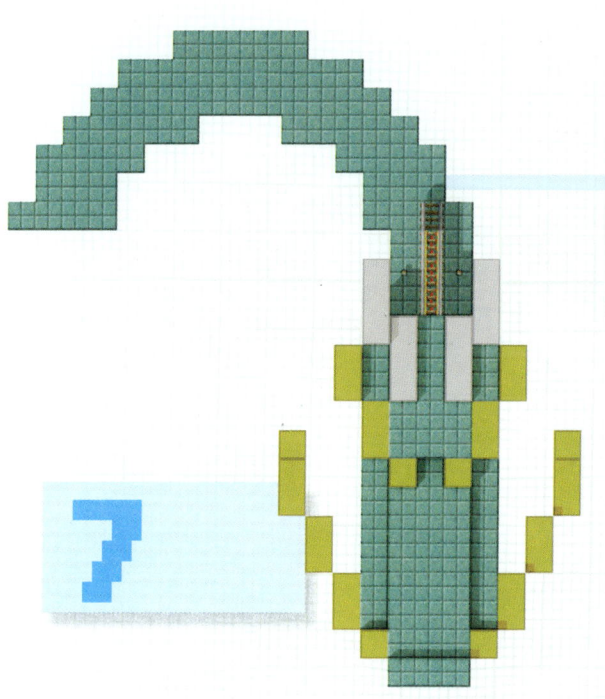

계속해서 산화된 깎인 구리를 사용하여 바닥 층에 용의 휘어진 몸체를 만들기 시작합니다.

7

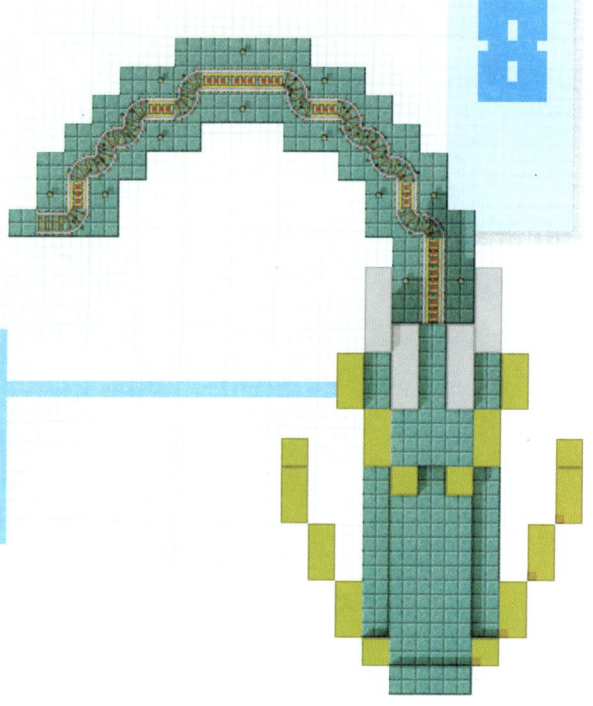

8

직선 구간에는 동력 레일을, 모서리에는 일반 레일을 사용하여 몸체를 따라 곡선을 그리는 궤도를 만듭니다. 동력 레일이 있는 곳에는 레드스톤 횃불을 한 쌍씩 배치합니다.

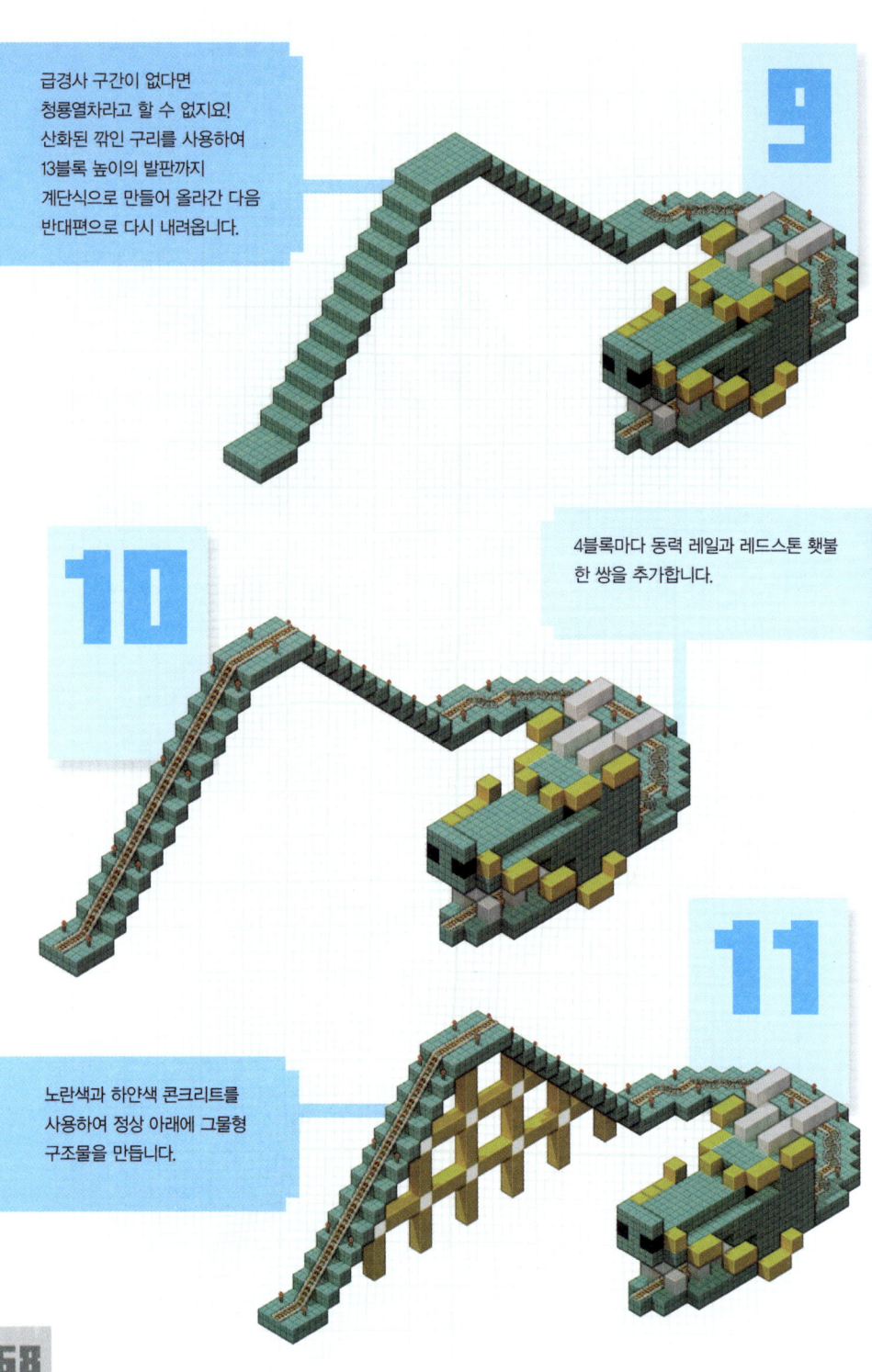

9 급경사 구간이 없다면 청룡열차라고 할 수 없지요! 산화된 깎인 구리를 사용하여 13블록 높이의 발판까지 계단식으로 만들어 올라간 다음 반대편으로 다시 내려옵니다.

10 4블록마다 동력 레일과 레드스톤 횃불 한 쌍을 추가합니다.

11 노란색과 하얀색 콘크리트를 사용하여 정상 아래에 그물형 구조물을 만듭니다.

12

7단계와 8단계에서 만든 모양을 거울처럼 뒤집어서 롤러코스터의 방향을 돌립니다. 그런 다음 레일과 동력 레일을 덧붙이고 레드스톤 횃불도 덧붙입니다.

13

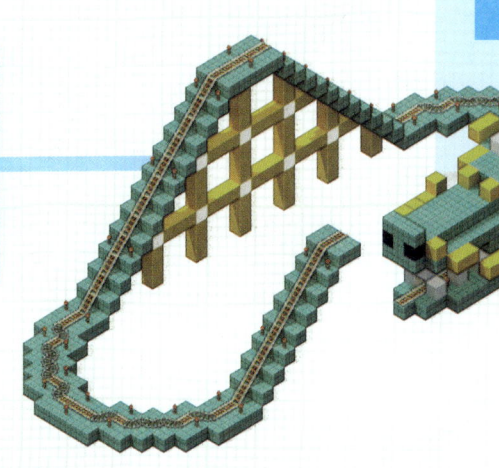

계속해서 산화된 깎인 구리 블록을 사용하여 8블록까지 올라가는 급경사 구간을 또 하나 만듭니다. 간격을 적절히 맞추면 곧바로 용의 입 속으로 떨어질 거예요! 동력 레일과 레드스톤 횃불도 덧붙이세요.

14

노란색과 하얀색 콘크리트를 사용하여 마지막 오르막 밑에 지지 구조물을 만들면 청룡열차 완성입니다.

주문서 상점

오버월드 곳곳에서 친구와 적대적인 몹들이 여러분의 주문서를 손에 넣으려고 몰려들 거예요. 하지만 누구를 들여보낼지는 신중하게 선택해야 합니다. 마녀에게는 손으로 쓴 초대장을 보내지 않는 것을 추천할게요. 성가신 물약에 대한 아이디어를 더 주고 싶지는 않을 테니까요!

난이도
★★★★☆
40 분

1

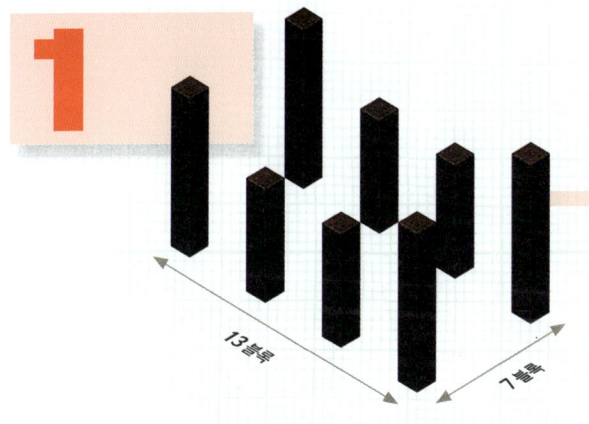

짙은 참나무 원목으로 기둥 8개를 만듭니다. 안쪽 기둥은 4블록, 바깥쪽 기둥은 6블록 높이예요. 첫 번째 줄의 네 기둥 사이에는 3블록씩 간격을 두고, 그 6블록 뒤에 두 번째 줄을 추가합니다.

2

각 기둥 사이에 석재 벽돌을 배치하는데, 앞쪽 중앙에는 1블록의 공간을 남겨둡니다. 그런 다음 각 기둥의 바깥쪽 가장자리 주위에 석재 벽돌 계단을 추가합니다.

3

껍질 벗긴 자작나무를 사용하여 기둥 사이의 벽을 2블록 높이로 채웁니다. 창문을 달 공간은 세 곳 남겨두고, 앞쪽의 출입구 위에도 블록을 추가합니다.

유리판을 창문으로 사용하고 짙은 참나무 문을 달아 주세요.

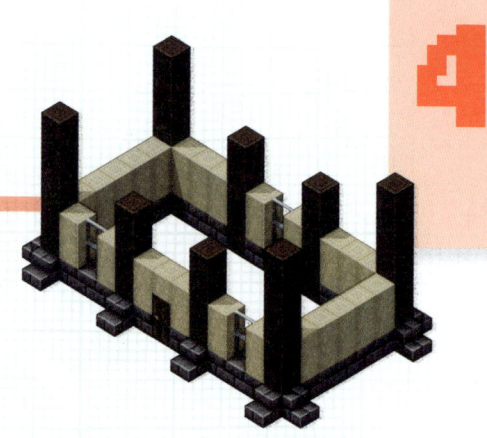

5

모든 기둥 사이를 벌집으로 한 층 채웁니다. 그런 다음 벌집 조각 블록으로 높은 기둥 사이를 채우고, 각 모퉁이에는 계단식으로 벽을 얹습니다.

갈색 콘크리트 블록을 사용하여 벽의 모양에 따라 지붕을 채웁니다. 사방으로 한 블록씩 연장한 다음, 지붕의 모서리 블록을 금 블록으로 교체합니다.

7

매끄러운 석영 블록과 반 블록을 사용하여 지붕에 또 다른 층을 추가합니다. 이제 마치 펼친 책처럼 보일 거예요!

8

멋진 하드커버의 상징은 책갈피죠. 빨간색 양털을 문 위에 책갈피처럼 보이게 달아보세요. 모서리의 금 블록 밑에는 랜턴을 달아서 불을 밝힙니다.

9

색유리 판과 블록을 사용하여 위로 올라가는 회오리 선을 만듭니다. 마법같이 보일 뿐만 아니라, 멀리서도 고객들이 발견하고 찾아오기 쉬워질 거예요.

요술램프 보트

안녕하세요! 이 요술 같은 건물을 좋아하지 않는 사람이 있을까요? 특히 지니처럼 살고 싶은 사람이라면 더 볼 것도 없죠. 공간은 좀 부족할지 몰라도, 멋만큼은 확실하죠! 떠돌이 상인들이 소원을 이루기를 바라며 블록을 사러 줄을 지을 거예요… 하지만 드라운드는 조심해야 할지도요?

난이도
★★★☆☆
25분

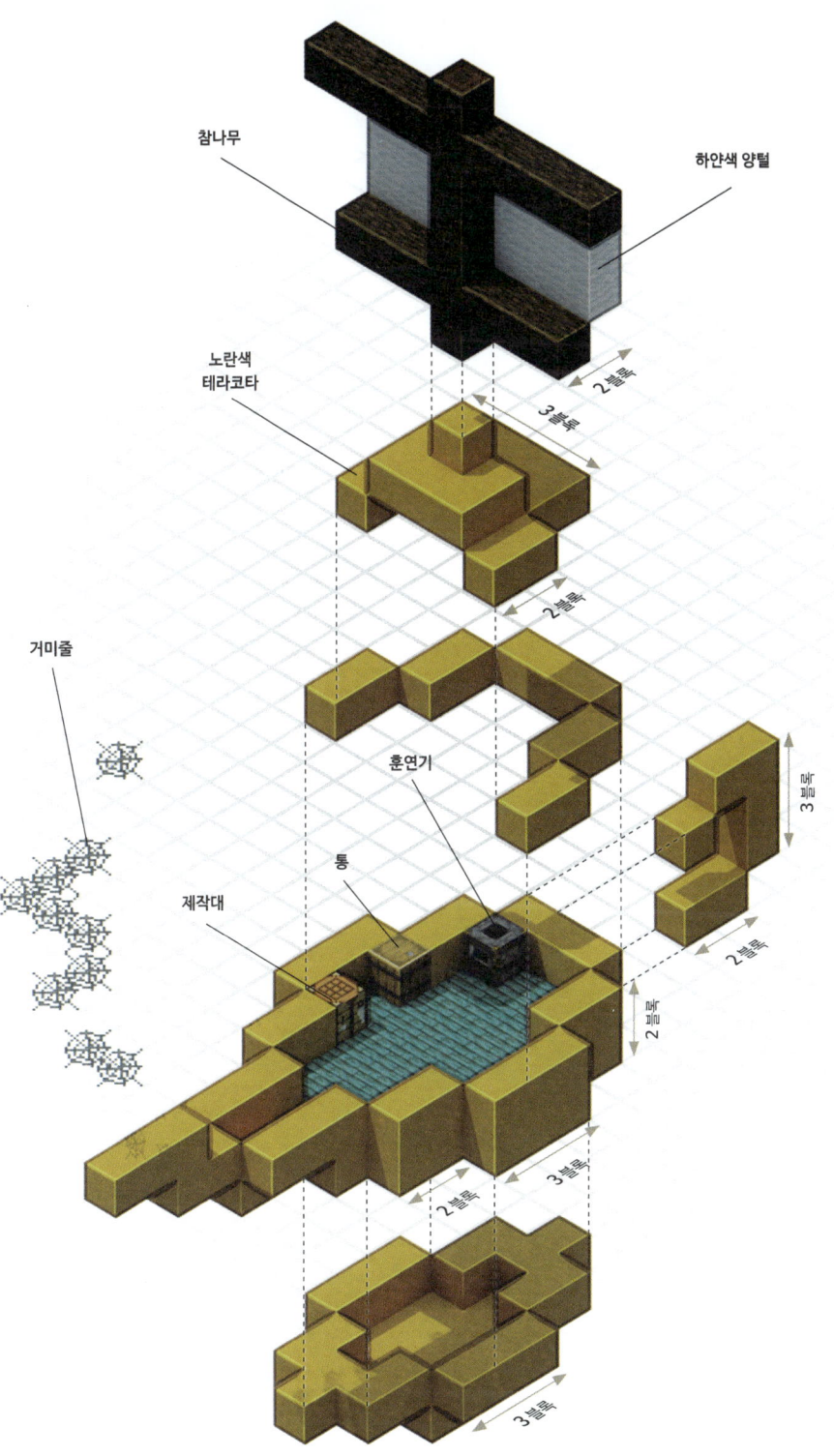

에메랄드 아파트

에메랄드 시티가 있으려면 에메랄드 아파트 구역이 있어야 하고, 에메랄드 아파트 구역이 있으려면 에메랄드가 풍부해야 하죠! 이 아파트를 짓고 나면 세입자가 되고 싶어 하는 마을 주민이 바글바글할 거예요. 하지만 그들이 에메랄드 블록을 가지고 도망가지 않게 주의하세요!

난이도
★★★☆☆
45 분

1

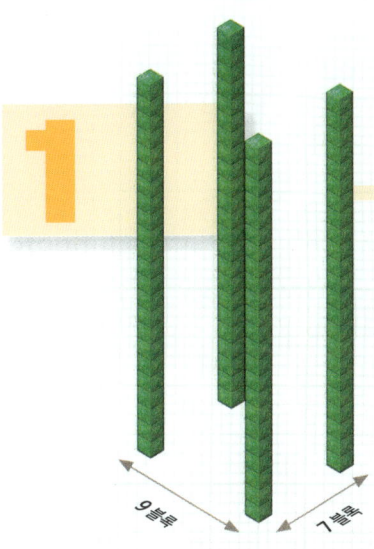

23블록 높이의 기둥 네 개를 세웁니다. 물론 에메랄드 블록을 사용해서요.

2

기둥 꼭대기에서 2블록 아래에서 시작해서 밀랍칠한 산화된 깎인 구리를 사용하여 기둥 안에 이 탑의 벽을 만들고 창문을 균등한 간격으로 배치합니다. 뒷벽은 바닥까지 내려오지만, 앞벽은 16블록까지, 옆벽은 5블록까지만 내려와야 합니다. 모든 창문 구멍에 연두색 색유리 판을 덧붙이세요.

3

계속해서 에메랄드 블록을 사용하여 탑 앞쪽에 7블록 높이의 아치를 만들고 상단에서 한 블록 아래를 원래 기둥과 연결합니다. 이것이 이 아파트의 웅장한 입구가 될 거예요.

4

심층암 조약돌을 사용하여 입구의 지붕을 채운 다음 그 아래에 밀랍칠한 산화된 깎인 구리로 아치를 만듭니다.

5

구리 아치의 한 블록 안에 에메랄드 블록과 자작나무 문을 사용하여 공간을 채워서 입구를 마무리합니다.

6

이제 옆 날개 건물을 만들어야 합니다. 에메랄드 블록을 사용하여 양쪽에 18블록 높이의 아치를 만들고 상단에서 한 블록 내려간 곳에서 원래 기둥에 연결합니다.

심층암 조약돌로 날개 건물의 지붕을 만들고 그 아래는 밀랍칠한 산화된 깎인 구리로 벽을 채웁니다. 창문을 놓을 공간은 남겨두었다가 연두색 색유리 판으로 채우세요.

본관 지붕도 잊지 말아야겠죠! 양쪽 변을 따라 심층암 조약돌 계단을 붙인 다음, 가운데는 심층암 조약돌 블록으로 채웁니다.

에메랄드 블록을 5×5 정사각형으로 배치하고 다시 그 위에 3×3 정사각형을 놓아서 멋진 지붕을 완성하세요. 그런 다음 멀리서도 볼 수 있도록 가운데에 신호기를 배치합니다.

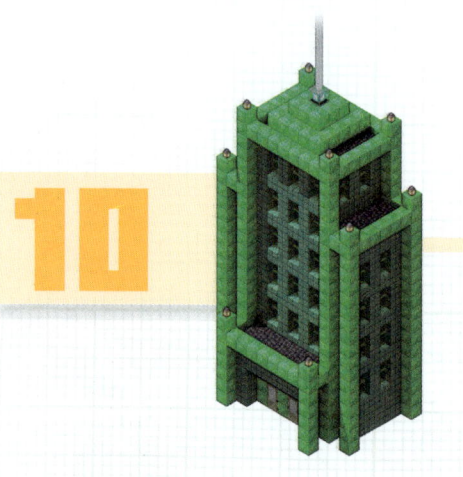

10 모서리마다 랜턴을 설치하여 건물에 불을 밝힙니다. 짜잔!

11 물론 노란 길 없이는 에메랄드 도시라고 할 수 없지요! 잔디 블록 군데군데를 금 블록으로 교체하며 입구부터 길을 만들기 시작합니다.

12 금 원석 블록, 대나무 블록, 껍질 벗긴 대나무 블록을 추가하여 빈 곳을 메우고 길을 더 넓게 만듭니다. 금만 있는 것보다 더 재미있어 보이지 않나요?

13

황금 길 옆으로 이끼 낀 조약돌 블록 몇 개를 추가합니다.

14

길을 분홍색 꽃잎과 양귀비가 가득한 마법의 초원으로 둘러싸면 완성이에요!

인테리어

이제 아파트 내부를 만들 시간이에요! 심층암 조약돌 반 블록을 사용하여 각 층을 구분합니다. 주방에는 작업대와 제작대를 배치하고요. 침실에는 침대를 놓고, 석영 계단을 이용해 소파를 만들어 보세요. 연두색과 초록색 양탄자를 깔개로 사용하면 아주 멋지겠죠. 다락방에는 통, 상자, 셜커 상자를 배치해 창고 느낌을 살리는 거예요. 그다음에는 물을 채운 엘리베이터 축 두 개를 설치합니다. 하나는 바닥에 영혼 모래를 배치하고 다른 하나는 마그마 블록을 배치하면 위아래로 쑥쑥 움직일 수 있어요! 등불을 장식해서 마무리하세요. 여러분의 새 집에 누가 입주할까요? 친구일까요, 아니면 좀비일까요?

동화 나라 궁전

자신만의 마법 궁전에서 왕족처럼 살아보세요. 이 건물은 자신에게 맞춰 개조하기에도 딱 좋아요. 예쁜 분홍색이 마음에 들지 않는다면, 블록 몇 가지만 바꿔도 어둡고 위험하거나 신비롭고 불가사의해지는 등 완전히 다른 느낌을 낼 수 있어요. 자신만의 방식으로 지어 보세요!

난이도
★★★★★
🕐 1시간

1

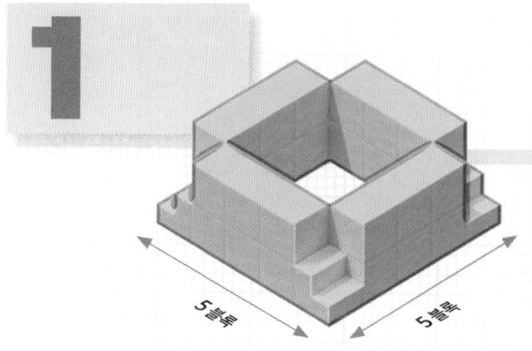

석영 블록으로 모서리가 없는 5×5 정사각형을 2블록 높이로 쌓아서 입구 탑을 만듭니다. 각 모서리 바닥에는 석영 계단을 덧붙이세요.

2

매끄러운 석영으로 바꿔서 벽을 4블록 더 연장합니다. 앞쪽 벽의 블록 2개는 프리즈머린 담장으로 교체한 다음, 모서리 상단에도 이 블록을 추가합니다. 다시 그 위층을 퍼퍼 블록을 사용해서 정사각형으로 두릅니다.

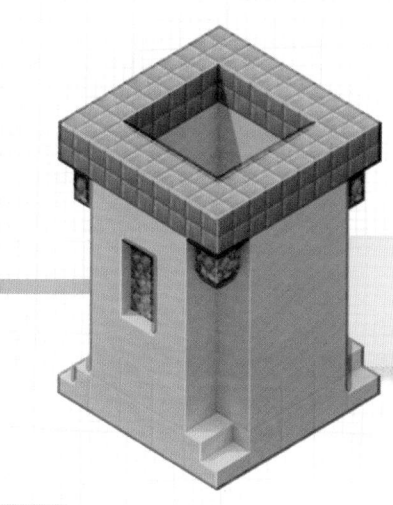

3

앞모습

퍼퍼 블록의 바깥쪽에는 벚나무 반 블록과 뒤집힌 계단을 번갈아 가며 배치합니다. 그런 다음 벚나무 판자와 계단을 섞어서 뽀족하게 끝나는 계단식 지붕을 만듭니다.

첫 번째 탑과 동일한 것을 5블록 옆에 짓습니다.

4

5

앞모습

수정과 퍼퍼 블록으로 두 탑 사이를 연결해서 아치를 만듭니다. 위에는 석영 계단 4개를 놓고 그 가운데에 석영 반 블록을 놓습니다.

탑의 옆면에서 바깥쪽으로 2블록 벽을 지은 다음, 16블록 뒤로 연장합니다. 하단 2개 층 블록에는 석영을, 그 위의 2개 층에는 매끄러운 석영을 사용합니다. 위에는 석영 계단을 얹고 모서리에는 반 블록을 얹습니다.

6

7

이전과 같은 블록을 사용하여 궁전 뒤쪽에 14블록 높이의 벽으로 주 탑을 두 개 만듭니다. 이번에는 3블록 높이의 프리즈머린 담장을 덧붙여서 장식하세요.

8

뒤쪽 탑 사이에, 퍼퍼 블록을 석영으로 감싼 발판을 2블록 높이로 추가합니다. 석영 반 블록으로 이 발판에서 궁전 가운데로 내려오는 계단을 만드세요.

9

뒤쪽 탑 사이에, 매끄러운 석영으로 벽을 짓고 위에 퍼퍼 블록을 얹습니다. 3×3 입구를 만들고 위에는 퍼퍼 블록을 추가한 다음, 창문 구멍 4개를 내서 하늘색 색유리 판을 끼웁니다.

10

양쪽 벽 위에 매끄러운 석영으로 뾰족한 아치를 짓고 하늘색 색유리 창문을 채웁니다. 그런 다음 벚나무 판자, 계단, 반 블록을 섞어 사용하며 지붕을 만듭니다.

11

이어서 같은 재료를 사용하여 벽 사이도 지붕을 씌웁니다. 앞서 만든 아치와 같은 모양이 되도록 만드세요.

12

지붕이 중간에서 만나 2블록 높이로 솟아오르게 마무리합니다.

13

멋진 성에는 늘 깃발이 있다는 점을 기억하세요! 여러분도 탑마다 달아야겠죠. 벚나무 울타리를 깃대로 삼고 청록색과 분홍색 양털로 나부끼는 깃발을 만듭니다.

14

안뜰에 나무를 추가합니다. 물론 자작나무를 그냥 키워도 되지만, 완벽히 동일하게 다듬고 싶다면 자작나무 원목과 자작나무 잎으로 직접 만들 수도 있어요.

자작나무

15

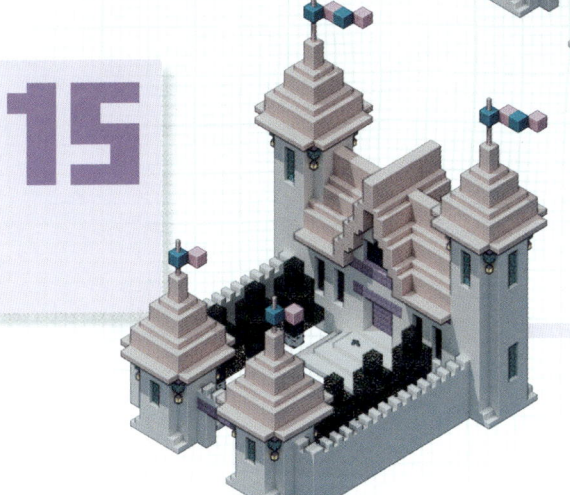

불을 밝히세요! 각 탑의 모서리 아래에 있는 프리즈머린 담장에 등불을 매답니다. 완벽한 마무리를 위해서 계단에는 다이아몬드 부츠를 놓는 거예요!

아틀란티스 주택

앞서 석호에서 인어 생활을 즐겼다면 이 수중 건축물을 '바다' 마지않을 거예요. 멋진 인어들은 모두 아틀란티스에 살고 있다는 것은 누구나 아는 사실이니까요. 그러니 바다 밑에 나만의 도시를 만들어보는 것은 어떨까요? 정말 멋'지느러미'할 거예요!

난이도 ★★★☆☆
🕐 35 분

1

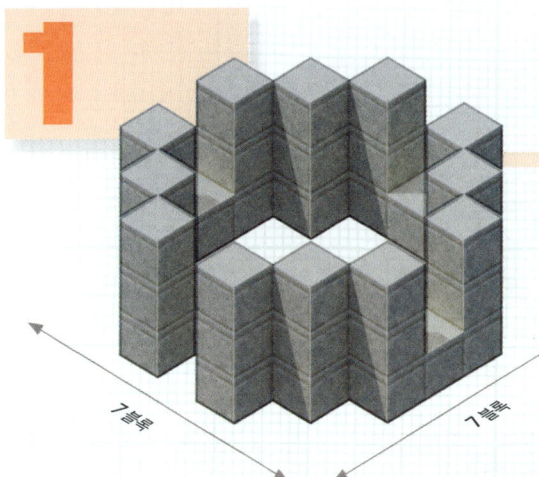

깎인 사암을 사용하여 건물의 둥근 기초를 3블록 높이로 만듭니다. 직선 면마다 가운데에 2블록 공간을 남겨 두되, 앞면에는 문을 달 3블록 공간을 남겨 둡니다.

2

입구 위에 사암 반 블록을 올리고 나서, 2블록 공간은 사암 담장으로 채웁니다. 건물 주위의 모서리에 사암 계단을 배치합니다.

3

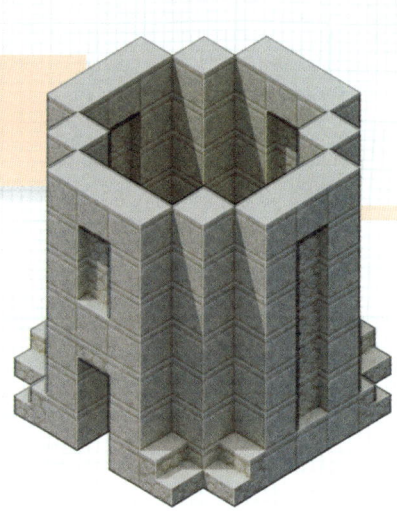

같은 블록을 사용해서 벽을 4블록 위까지 연장하는데, 앞쪽에는 문 위에 사암 담장을 사용해서 홈을 만듭니다. 그런 다음 위에 깎인 사암 한 층을 추가합니다.

4

벽에 깎인 사암을 한 층 더 추가합니다. 그 바깥쪽에 뒤집힌 사암 계단을 덧붙입니다. 노란색과 주황색 테라코타 블록을 섞어 바닥 중앙을 채웁니다. 가운데에 구멍을 남겨두는 것을 잊지 마세요.

앞모습

5

바깥쪽을 돌아가며, 깎인 사암 블록과 담장을 번갈아 배치합니다. 그런 다음 깎인 사암 블록 위에 사암 담장을 2개씩 쌓아 올립니다.

6

각 기둥 위에 깎인 사암 블록을 놓은 다음 그 사이의 공간을 뒤집힌 사암 계단으로 연결합니다.

7

사암 위에 양쪽 중앙에 깎인 사암 블록이 있는 주황색 테라코타 층을 추가합니다. 그런 다음 노란색 테라코타까지 섞어서 한 블록 안으로 들어온 층을 하나 더 추가합니다.

8

노란색 테라코타, 깎인 사암, 노란색 콘크리트 블록 두 개로 모서리 부분에만 한 블록 안으로 들어온 층을 하나 더 추가합니다. 깎인 사암으로 십자를 만들고 노란색 콘크리트로 그 주위를 둘러서 돔을 마무리합니다. 돔 중앙에는 바다 랜턴을 놓습니다.

9

해초, 다시마, 해초 등 바다 식물을 한 무더기 추가하면 아틀란티스 주택이 더욱 바다 밑에 있는 것처럼 보여요.

조합 챌린지

이 책의 모든 건물을 완료하신 것을 축하드려요. 지금쯤이면 숙련된 건축가가 되셨겠죠. 하지만 아직 끝나지 않았어요! 건물들을 조합하여 새로운 건물을 만드는 새로운 챌린지에 도전해 보세요.

아래는 몇 가지 조합 챌린지입니다. 각 도전 과제를 보며, 이 책에 포함된 가이드와 건축 팁을 사용하여 건물을 조합해 보세요. 어떻게 조합할지는 전적으로 여러분에게 달려 있지요. 건물의 크기를 조정하거나, 새로운 블록을 선택하거나, 디자인을 개선하는 등 뭐든지 원하는 대로 할 수 있어요.

1 신발 속의 콩나무

마법의 콩나무 꼭대기에 거인이 산다면, 그중 한 명이 신발을 떨어뜨릴 수도 있겠죠! 헤헤!

2 개구리 석호

인어가 마음에 들지 않는다면 개구리는 어떨까요? 이 석호에 개구리 분수를 추가하여 까무러치도록 멋진 석호를 만들어보세요!

아틀란티스 버섯
이 두 가지 건물을 조합하면 얼마나 멋질까요? 무엇보다 좋은 점은 버섯 지붕이 빛나기 때문에 물속에서도 쉽게 찾을 수 있다는 점이에요.

에메랄드 도서관
물론 에메랄드 시티에는 에메랄드 도서관도 있어야겠죠! 이 두 가지 건물을 조합해 보는 건 어떨까요?

궁전으로 가는 마차
궁전에서 무도회가 열리고 있나요? 자신만의 호박 마차를 타고 가보세요!

안녕히

와, 정말 마법 같은 모험이었어요! 콩나무에 오르고, 청룡열차를 타고, 동화 나라 궁전에서 상류층의 삶을 맛보고, 차를 마시며 시간을 거슬러 올라갔어요(적어도, 수영으로는 거슬러 올랐죠!). 이제 여러분의 걸작을 모두 만들었는데⋯ 어떤 건물이 가장 '마'력적이었나요?

재미는 이걸로 끝이 아니에요! 여기 나온 건물들을 더욱 멋지게 꾸밀 수 있는 놀라운 방법은 수도 없이 많아요. 그리고 마인크래프트 세계에는 제작 방법에 옳고 그름이 따로 없어요. 색상을 바꾸고, 추가 요소를 덧붙이는 등 온갖 방법을 시도해 보세요. 모든 것은 여러분에게 달려 있으니까요!

실수해도 괜찮다는 점을 기억하세요. 실수를 통해 배우는 것이니까요. 창의력을 발휘하고, 새로운 것을 시도하고, 그리고 무엇보다도, 재미있게 즐기세요!